AF502325

3155

folio

MORALE
DES
PRINCES.
PREMIERE PARTIE.

MORALE DES PRINCES,

TRADUITE DE L'ITALIEN

DU COMTE J. B. COMAZZI.

PREMIERE PARTIE.

A PARIS;

Chez P. G. SIMON, Imprimeur du Parlement, rue de la Harpe, à l'Hercule.

MDCCLIV.

Avec Approbation & Privilege du Roi.

AVERTISSEMENT.

*N*Ous avons pensé que le Public ne verroit qu'avec plaisir quelques pensées détachées du même Auteur sur les Minis-tres. Nous les avons mises à la tête de l'Ouvrage : nos vœux se-ront remplis, si le soin que nous prenons de satisfaire la curiosité du Lecteur, peut lui être agréa-ble : nous faisons gloire de n'être animé d'aucun autre intérêt dans cet ouvrage.

I. Partie.   a

MINISTRES.

EST-IL probable que des Peuples, en se donnant des Rois, ayent jamais pensé avoir affaire à des Ministres?

L'établissement des Ministres est néanmoins en raison égale au bonheur du Peuple, & au maintien de l'autorité : les Ministres multiplient donc le Prince, & le Peuple doit trouver autant de Rois, (que ne pouvons-nous dire, de Peres!) qu'il y a de Ministres.

Si les Peuples ont voulu se donner des Rois, est-il raisonnable de croire que les Rois étoient néceffaires aux Peuples ? Sans la fubordination , que la nature a établi entre le fils & le pere , je ne le croirois pas.

L'autorité d'un feul eft une conceffion de plufieurs : mais cette conceffion eft-elle illimitée ? Il ne feroit point raifonnable de le croire : eft-elle gênée par certaines conditions ? ces conditions ne font-elles point remplies par celui qui joüit de tous les fruits du Traité ? L'hypothéque du Peuple refte dans toute fa vigueur, il eft Créancier du Prince , & peut, jufqu'à ce

qu'il soit payé, rentrer dans tous
ses droits.

Mais peut-être l'autorité a-t-elle
été acquise par la force : en ce
cas, c'est à l'aquéreur à se tenir
toujours sur ses gardes : un Peuple soumis par la force, rarement veut-il être gouverné par
la foiblesse. Le berger, qui ne
sçait point manier sa houlette,
n'est pas maître de son troupeau.

Mais puisque le Prince se mul-
tiplie par ses Ministres, les Ministres doivent représenter le Prince : me présente-t-on une co-
pie imparfaite d'un original, que
je ne connois point ? je dis

que l'original est mauvais.

Il seroit à souhaiter que le Conseil des Rois fût composé de Rois : ceux-ci sont toujours supposés penser supérieurement au sujet : la décision des conseils ne dérogeroit point à l'éclat, à la considération, & au respect attachés à l'idée que nous avons de la Royauté.

Mais les Rois ne pouvant former leur Conseil de leurs égaux, doivent donc choisir des sujets, qui ayent des sentimens dignes du Trône.

Quel est l'objet d'un bon Mi-

niſtre ? de s'acquitter avec honneur de l'adminiſtration, qui lui
eſt confiée : quel doit être celui
du Prince ? de le mettre en état
de ne pas ſe diſtraire de l'intérêt
public pour l'intérêt perſonnel.

Chercher ſon bien-être, eſt le
ſoin privilégié de l'homme. Le
Miniſtre le trouve-t-il dans les
récompenſes du Prince ? ſon bonheur fait la félicité du peuple : le
Prince eſt-il avare ? ce que le
Miniſtrre ne trouve point dans
le Prince, il le cherche dans le
ſujet, & le ſujet eſt malheureux.

Je ſouffrirai plutôt la mort,
diſoit un grand Miniſtre à ſon

Roi, que je ne souffrirai que mon Maître fasse des Loix injustes : mais où trouver ce Ministre ?

Pourquoi voit-on les Princes penser si souvent moins noblement que les particuliers ? parce que leur Conseil est composé de personnes incapables d'élever leur cœur jusqu'à la Royauté ; sables mouvans, que le vent de l'ambition éléve pour un instant ; mais qui retombent aussi-tôt, entrainés par leur propre pesanteur.

Tout est petitesse dans la flaterie ; incapable de grandeur , elle rampe toujours. Si les Princes avoient moins de Courtisans ,

& plus d'Amis, tout feroit grand à la Cour ; les Princes n'y feroient pas fi petits : parce que les Miniftres n'y feroient pas fi timides.

La méchanceté du Prince couverte de la bonté du Miniftre, fait plus d'heureux, que la bonté du Prince gênée par la méchanceté du Miniftre.

Les meillenrs Miniftres font ceux qui aiment véritablement le Prince. Porter au miniftere des perfonnes, dont l'attachement n'eft pas connu, c'eft courir après la haine & le reffentiment du fujet.

Le besoin de conseil ne dé-
grade point le Prince : il ajoûte
au contraire à sa gloire : le soleil
pompe les vapeurs ; sa lumiere
n'en est pas moins belle, & sa
chaleur moins salutaire.

Les Ordonnances que je don-
nerai, disoit l'Empereur Théo-
dose à ses Conseillers, feront votre gloire, ma sûreté, & le bonheur de mes sujets.

Les victoires de Scipion l'A-
fricain font les fruits des conseils de Caius Lelius ; on dit
de celui-là, qu'il est bon Acteur, de celui-ci, qu'il est bon
Auteur ; mais Scipion en triom-

phe-t-il moins de ses envieux ?

La déférence du Prince aux avis de ses Conseillers est le pi-vot du bon gouvernement : il est plus juste, disoit l'Empereur Antonin, que je suive les conseils de ces personnages éclairés, que les miens propres.

La multiplicité des Conseillers est-elle avantageuse ? question encore à décider, & que sans doute on ne décidera jamais.

La multiplicité des Ministres, au lieu de porter l'ordre dans les affaires, les embarrasse : tant de lumieres se croisent souvent, &

presque jamais ne se réunissent ; c'est la voie lactée : tout y est si confondu, qu'on ne peut rien distinguer.

Mais n'avoir qu'un Conseiller : écueil encore plus dangereux : c'est la longitude : la comparaison est le point fixe, qui seul peut déterminer le Prince. Comment comparer plusieurs avis, lorsqu'on n'en reçoit qu'un ?

Alexandre Severe, grand Prince ! Les Sciences & les Arts payent tribut à son desir de bien gouverner. Donner à chacun son genre, c'est donner à chaque plante le terrein qui lui convient : déplacez - la , elle périt.

Je permets à un Miniſtre de ſuccomber au ſommeil : mais je ne le pardonne point , s'il le cherche.

Un Miniſtre ſans mœurs eſt un mauvais arbre , que le Prince tranſplante d'un terrein ſtérile dans un terrein gras ; il grandit à vûe , mais ne produit que des mauvais fruits : c'eſt l'arbre qu'il faut couper , & jetter au feu.

Qu'eſt-ce qu'un Miniſtre ? un homme chargé d'obſerver les ſujets : ceux qui obſervent les autres , & qui ne s'obſervent pas eux-mêmes, reſſemblent aſſez à ces gens, qui vivent, & ordonnent chez les autres, tandis que tout dépérit chez eux.

Un Miniſtre vindicatif eſt un Miniſtre placé par l'autorité du Prince, mais que ſa juſtice devroit déplacer : c'eſt un homme qui a la force en main, & qui porte des coups aſſûrés : un tel être n'exiſte-t-il, pas malgré la Loi naturelle, qui permet de repouſſer la force par la force ?

Un Miniſtre avare vend ce que le Prince donne : il a l'adreſſe de ſe faire la réputation d'homme libéral, tandis que le

Prince a une réputation oppo-
sée : c'est un voleur, qui enléve
au Prince les vœux de ses sujets, aux sujets les bienfaits de
leur Prince.

A la Chine le Prince signe
tout : c'est sagesse : à quels in-
convéniens ne sont point ex-
posés les Gouvernemens, où
le Prince ne signe rien ? A la
Chine tout est en regle, parce
que tout passe sous les yeux du
Prince : à la Chine on punit,
& l'on récompense : ailleurs les
seuls rapports, qui sont entre les
sujets & les Ministres, déci-
dent de la récompense & de la
punition.

Le miniftere n'enrichit point
le bon Miniftre : au contraire il
l'appauvrit : attaché par amour
de la gloire à la réputation du
Prince , il donne fouvent fur fes
revenus ce que le Prince ne peut
accorder fur le tréfor.

Le Miniftre pauvre eft riche
en réputation. Il a des poffef-
fion immenfes : fa générofité l'é-
tablit maître de tous les cœurs.

Le Miniftre dont la conduite eft équivoque , fe défie de la
fortune : mais il couvre d'un
faux air de dignité & de fermeté les inquiétudes ténébreufes
qui l'agitent : il reffemble aux
enfans

enfans qui chantent en paſſant dans un appartement obſcur.

Un Miniſtre flateur eſt un Courtiſan qui badine légérement avec ſon maître : il trouve plus facile de ſe plier aux foibleſſes du Prince que de faire une belle action. Débiteur effronté, il vit tous les jours avec ſon créancier, lui parle familierement ſans jamais payer ce qu'il lui doit.

J'aime cependant mieux un Miniſtre avec des défauts qui peuvent devenir utiles à l'Etat, qu'un Miniſtre qui n'en a point.

Les défauts ont-ils dans le

Miniſtre la force des Paſſions ?
Ce n'eſt plus qu'un épileptique,
dont les forces augmentent dans
l'accès ; mais qui après l'accès
n'a plus que de la foibleſſe.

Le Miniſtre adroit commence
d'abord par ſe faire la réputation
d'homme ſage. C'eſt un droit
qu'il acquiert de faire impuné-
ment des folies. Le début fait
jouir, quand on finit on ne jouit
plus.

Quand je vois un Miniſtre ſe
vanger, ne ſuis-je point en droit
de dire qu'il craint plus le ſujet
que le Prince ? On ne ſe vange
point de celui qu'on ne craint

pas. En pardonant il se montre plus digne de la place qu'il occupe , & n'est-il pas en effet plus grand que l'offenseur ?

A la Cour la reconnoissance n'est qu'une vertu de convention ; il peut donc arriver quelquefois qu'elle y soit un défaut.

Quand je trouve de la reconnoissance dans un homme que j'ai tiré du néant : c'est pour moi un prodige : je dis que je n'ai exercé que la Loi à la lettre : & rien de plus : c'est une dette que j'ai acquittée : c'est un créancier de moins.

Un Miniſtre eſt homme : tout homme eſt faillible : punir un Miniſtre d'un exil éternel pour une faute d'un moment : politique qui fait rougir l'humanité : elle n'a pas le ſens commun.

Un nouveau Miniſtre qui fait une faute eſt un jeune écolier, dont ſouvent un coup de verge feroit un ſujet excellent pour le Prince & pour l'Etat.

A Siam un Miniſtre ſurpris reçoit cent coups de bâtons, mais il lui eſt permis de faire ſa cour : la correction produit des effets merveilleux : le Miniſ-niſtre bâtonné devient digne de

la confiance du Prince & de l'a-
mour des sujets : c'est un domestique que son maître aime mieux
corriger que renvoyer : l'homme
le plus sage n'est il pas sujet aux
mouvemens de l'homme ?

Ce qu'on appelle générale-
ment vertu dans un homme, est
bien différent de ce qu'on appelle vertu dans un Ministre :
un particulier grand homme
pourroit bien bien n'être qu'un
fort petit Ministre.

Le sage trouve sa félicité à ju-
ger du cas que l'on doit faire des
honneurs & dignités par l'espe-
ce des gens à qui on les donne.

Ce Miniſtre qui ſçait faire en-
vier ſa dignité à l'homme ſage eſt
grand Miniſtre: la véritable grandeur eſt pour la véritable ſageſſe.

Un homme arrive à Paris: il
deſcend du carroſſe: il eſt ſou-
dain entouré d'une foule qui lui
offre des ſervices: il ſemble que
tous les mouvemens qui ſe font
ne ſe faſſent que pour lui: mais
ce même homme diſparoît-il?
on ne penſe pas plus à lui que
s'il n'eût jamais exiſté: Miniſtres, ne vous reconnoiſſez-vous
point dans cet homme? Que je
vous contemple dans votre élé-
vation, ou que je vous regarde

dans votre chûte, la reſſemblan-
ce me paroît parfaite.

Qand je vois un Miniſtre ca-
lomnié par la multitude : je m'é-
crie : Ah le grand Miniſtre ! La
multitude parle, le petit nombre réfléchit : vous Miniſtres ,
vous m'entendez. Les meilleurs
fruits ſont ceux que les guêpes
& les frélons attaquent le plus.

Plus un Miniſtre ſe plait à cette affluance d'éloges qu'il paye
cher , & qui ne coûtent rien à
celui qui les vend , plus il me
paroît indigne d'être loué : l'é-
loge eſt comme l'ambre , la qualité en eſt gracieuſe ; la qualité

en est nuisible ; elle porte au cerveau & l'affoiblit.

Un mauvais pere ne sçauroit à mon avis être bon Ministre : un homme incapable d'aimer trois ou quatre personnes , peut-il en aimer des millions ?

Un homme ordinaire est pré-cisément aussi reconnoissant qu'il est vindicatif : mais un Ministre doit être plus doux que sévére.

Un mauvais Prince peut bien faire des bons Ministres : mais le mauvais Ministre ne peut jamais faire un bon Prince.

Ministres vous ne vous ap-partenez

partenez plus : le Prince vous a acquis pour ſes ſujets : & ſi vous ne vous appartenez point , moins encore appartenez - vous à votre humeur : le Miniſtre qui s'y livre eſt un homme qui ſe vange ſur lui - même des défauts des ſujets.

La dévotion exceſſive eſt pour l'ame d'un Miniſtre ce que la maladie de la rate eſt pour le corps.

Plus le Miniſtre eſt excédé des perſonnes, qui lui demandent des graces , moins il doit leur en accorder. Le véritable mérite ne le ſeroit plus , s'il étoit importun.

I. Partie.   c

Plus long-tems le bon Miniftre eft en place, & plus il fent
le poids du miniftere : plus le
mauvais le foutient, moins il le
trouve pefant. Le premier n'en
voit que les devoirs, le dernier
n'en goûte que les douceurs :
celui-là appartient au miniftere :
le miniftere appartient à celui-ci.

Un Miniftre prudent doit avoir
des gens fidéles, qui éclairent
les actions des fujets : s'il obferve
de trop près par lui-même, il fe
met dans le cas des gens qui exa-
minent l'ouvrage des abeilles :
leur curiofité les fait piquer.

Pourquoi les efpions font-ils

ſi décriés : parce que les Miniſtres ne les choiſiſſent pas bien :
Alexandre Sévére, ſe diſtingue
par le bon choix qu'il fait : il les
récompenſe : & la véritable pro-
bité exerce pour ce Prince une
fonction mépriſée de la multitude , ſans être mépriſable par
elle-même.

Un Miniſtre qui cherche à
juſtifier les fautes qu'il fait &
qu'il ne pardonne point dans le
ſujet , ne déclare - t - il pas qu'il
aime mieux être ſot que ſouffrir
que les autres le ſoient ?

Ne pas rougir de s'être trompé c'eſt orgueil : l'avouer c'eſt

modeſtie : dans le Miniſtre c'eſt grandeur d'ame : c'eſt dire qu'il eſt plus éclairé aujourd'hui qu'il ne l'étoit hier.

Je ne vois pas pour le Miniſtre de moyen plus ſûr de montrer la pureté de ſes ſentimens , que d'avouer franchement qu'il s'eſt trompé : quand je vois la bourbe & le limon au fond d'une riviere , ne puis-je pas dire que ſes eaux ſont pures & ſaines ?

Le Royaume eſt dans la tête du Miniſtre : quelle préciſion & quelle juſteſſe ne faut - il point pour conſerver le jeu de tant de reſſorts renfermés dans un ſi petit eſpace ?

Un Grand dit-il à un Minis-
tre , *je vous croyois de mes amis* :
c'est le Caribde qu'il doit se pré-
parer de loin à éviter : les actions des Grands se ressentent de
leur grandeur. Leur puissance
extrême se porte toujours à des
extrêmités.

Le trop & le peu de défiance
font dans le Ministre également
dangereux.

Un Ministre qui rampe est un
mauvais Ministre : si le vrai mérite n'est point orgueilleux il
n'est point rampant : la modestie lui sert de glace : satisfait
de lui-même il se contemple :

je lui permets de s'admirer : n'est-
il pas sa propre récompense ?

Plus un Ministre s'applique à
étendre son département, moins
il en connoît les devoirs, & plus
il s'expose à être déplacé : les
Conquérans ne sont pas ceux qui
conservent le mieux leur pays.

Le même principe qui fait
faire des grandes choses, fait
souvent faire des petitesses ; c'est
l'ambition : un congrès mal conduit par un Ministre, efface
quelquefois la gloire d'avoir acquis une Province.

Si chacun se contentoit de

sa partie, le tout seroit parfait.

Enter, par exemple, un Né-
gociateur sur un Ministre de Fi-
nances, c'est enter un chêne sur
un figuier.

Un Ministre de beaucoup d'esprit est un bel arbre qui produit
des fleurs, mais point de fruit :
on peut être bon Acteur dans un
cercle, & jouer fort mal son rôle
à la tête des affaires.

Je me défie d'un Ministre, qui
s'applique à être ami; je préfere
celui, qui sçait être ami de tout
le monde, & ne l'être en effet
de personne : dans celui-là l'a-

mitié diftribue les graces : dans celui-ci le mérite les reçoit.

L'efprit & le génie font moins utiles dans le Miniftre que le bon fens : je vois cent hommes ingénieux pour un homme raifonnable : ne porter fur foi que de l'or , c'eft être toujours en befoin de monnoye.

La fermeté dans un Miniftre doit être , comme eft le Mercure dans la main d'un Médecin habile.

Pour réfifter à propos , il faut plier dans l'occafion.

Miniftres , diftribuez vos graces : mais ne les accumulez point ; un protégé est souvent un lierre, qui étouffe son appui.

Un Ministre, qui s'enorgueillit de son poste, est un homme, qui a exactement autant de vanité, qu'il lui manque de bon sens.

Rarement un Ministre disgracié fait-il revenir son Maître : veut-il le convaincre de sa fidélité par des représentations raisonnées ? je le compare à un homme, qui veut fendre du bois avec un rasoir. (*a*)

(*a*) Quoique cette expression ne soit pas noble, nous n'avons pas voulu la suppri-

Si je comparois les Réglemens
les plus exacts d'un Gouvernement aux pieces les plus déliées
d'un carillon, si je disois encore
que leurs mouvemens différens
l'exposent fréquemment à se dé-
ranger, me tromperois-je ?

Si j'ajoutois qu'il n'y a que le
concert des Ministres, qui puisse
soutenir l'harmonie dans une si
grande machine, n'aurois-je pas
raison ?

Un Ministre infidéle au Prince,
& dur au peuple, l'est moins par

mer, pour être fidéles à l'Original : il nous
paroît qu'il auroit été difficile d'en rendre
la force, en nous exprimant autrement.

ingratitude, que par orgueil : l'ingratitude réfléchie est une baf-
seffe avérée; un Ministre qui en
feroit capable, ne feroit qu'un ca-
davre fuperbement habillé : mais
un Ministre ambitieux a de l'orgueil : le Prince peut croire avoir
fait plus en fa faveur, qu'il n'a mérité, & le Ministre avoir moins
reçu qu'il ne lui est dû : quel fléau
qu'un tel Ministre !

Qu'un Roi foit un homme
pitoyable : qu'importe, pourvû
qu'il fe faffe craindre des ennemis. Un épouvantail dans les
champs n'est qu'un homme de
paille : mais il garantit nos bleds
des oifeaux : peut-on en dire au-

tant d'un Ministre, qui ressem-
bleroit à un tel Roi ?

Quelle précision, quelle net-
teté dans celui, qui rédige les
délibérations ! c'est l'estomach du
Conseil : la digestion est-elle imparfaite ? Tout s'en ressent, &
tout est vicieux : une Loi mal di-
gérée ne fait qu'épaissir les téné-
bres. Si le Législateur ne s'en-
tend point, comment peut-il être
entendu ?

Je finis : Rois, soyez capables
d'être Ministres : vous, Ministres, soyez dignes d'être Rois.

MORALE

MORALE
DES
PRINCES.
PREMIERE PARTIE.

CHAPITRE PREMIER.

SI le tableau du vice ne pro-
duisoit par l'horreur qu'il
inspire, des effets aussi favora-
bles que celui de la vertu par ses
attraits, nous ne présenterions
pas un Ouvrage, où les Poli-
tiques consommés pourront s'in-
struire, où les Lettrés auront

I. Partie.   A

lieu d'admirer la justesse & la hardiesse de la pensée, rendues par l'expression épigrammatique. Le Regne des Empereurs Romains n'est qu'un tissu de crimes, & de débauches : plus ils se sont distingués par l'abus criminel de l'autorité, plus aussi l'impression que leur vie doit faire sur le cœur des Princes, peut leur inspirer l'amour des vertus opposées.

La grandeur affecte plus les hommes que la bonté, & je préfere un grand Prince à un bon Prince. De la bonté à la foiblesse li n'y a qu'un pas, encore est-il glissant. La grandeur accompagne ordinairement l'ambition, & l'ambition est agissante : elle fait faillir des vertus , que la bonté , presque toujours nonchalante , étouffe, ou du moins ne se donne point la peine de faire sortir. Un bon Prince est sujet de tout ce qui l'environne : un grand Prince est Prince partout où il est , souvent même où il n'est pas. En observant les actions des Empereurs , on sentira la différence qu'il y a entre un bon & un grand Prince.

César revenu d'Espagne , trouve Rome divisée en deux factions. Marcus Crassus est à la tête de l'une , & Pompée à la tête de l'autre : chaque Chef veut avoir César dans son parti : mais il ne veut être que médiateur.

Pourquoi César ne se décide-t'il pas en faveur de Pompée ou de Crassus? C'est qu'il veut regner, & non pas servir. La division de Rome est l'instant de César, s'il le manque, il ne sera jamais que Citoyen : aussi tire-t'il parti de cette circonstance, il se déclare médiateur : il voit dans ce rôle un air d'indépendance, qui figure avec celui de la souveraineté. Celui-là en effet, qui ne dépend point, regne. Le Juge ne dépend point de ses Cliens ; & se déclarer Arbitre entre les deux Personnages les plus puissans de Rome, n'est-ce pas en les jugeant acquérir la souveraineté sur eux?

Mais Crassus & Pompée, qui *H* ne voyent rien que de louable & d'obligeant dans la conduite de César, agréablement surpris de se voir reconciliés par sa médiation, s'occupent du seul soin de lui témoigner leur reconnoissance. Ils le portent au Consulat ; mais ils ne prévoyent pas que César Consul sera seul Consul, comme si la Dignité Consulaire n'étoit point divisée.

Ce trait de reconnoissance *M* est digne de Crassus & de Pompée ; mais il est indigne d'un bon Politique. La médiation d'un homme tel que César, doit-être suspecte à Crassus & à Pompée. Le service d'un rival est souvent un piege qu'il tend : il faut le recevoir sans s'embarrasser de la reconnoissance ; cette vertu n'est la vertu d'un Prince, qu'autant qu'il peut la marier avec sa Politique. La reconnoissance d'un particulier est la vertu d'un particulier : non seulement elle est louable, mais encore elle est nécessaire pour l'harmonie de la societé. La reconnoissance d'un Prince ne doit être au contraire qu'un intérêt déguisé : si elle n'est empreinte que de ces sentimens qui charment les particuliers, elle est foiblesse.

César, revêtu du Consulat, se concilie les cœurs par une administration sage & éclairée ; mais jaloux des applaudissemens , il se donne bien de garde de les partager avec son Collégue. Celui-ci n'est à César que ce que l'ombre est dans le tableau.

Si nous voyons César pren- *M* dre sur lui tout le faix de l'administration , soyons - en surpris sans l'admirer. Cet amour du travail n'est qu'une ambition masquée : il veut accoûtumer insensiblement Rome au gouvernement d'un seul, disposer les esprits à la Monarchie , & parvenir à frapper des coups aussi puissants avec la Hache consulaire, que ceux que l'on frappe avec le Sceptre , & bien-tôt les Romains auront , sans s'en appercevoir, un Tiran réel dans le Conful imaginaire. Le peuple (j'entends parler du Républicain) fe prête aifément aux innovations, pourvû qu'elles n'ayent point un air trop frappant de nouveauté.

H   Les regards de Céfar s'étendent fur l'avenir. Sa prudence & fa pénétration l'éclairent fur les mefures qu'il doit prendre pour porter fa puiffance plus loin que fon Confulat ; il fçait que le pouvoir Confulaire eft borné à un certain tems : que fait-il pour fe perpétuer dans la Souveraineté ? Il donne fa fille en mariage à Pompée , il époufe en fecondes nôces la fille de Lucius Pifon qui doit lui fuccéder dans la Dignité Confulaire.

César voit qu'en quittant la H Hache Consulaire toute son autorité la suivroit. Son mariage avec la fille de Lucius Pison est un échélon pour monter au Trône. Par ce trait de politique, il attache son Successeur par les liens du sang aux vûes de son ambition ; en donnant Julie à Pompée il lie les mains à son adversaire avec les chaînes d'un mariage qui doit le flatter ; Julie est belle : c'est le faire entrer indirectement dans ses vûes & le mettre dans une honnête impuissance de les traverser. Le vulgaire cherche dans le mariage toutes les délices de l'amour conjugal ; l'ambition des Princes n'y

cherche au contraire que ſes intérêts : il eſt, à proprement parler,
le trafic des Souverains.

H   César ſent que le tems de ſon
autorité va finir, mais que le
tems de la conſerver ſubſiſte toujours pour quiconque ſçait com-
biner les moyens de ſe ſoutenir.
Il ſollicite le gouvernement des
Gaules : il l'obtient, s'y rend à la
tête d'une armée & fait la guerre
à pluſieurs Nations.

M   Si César vouloit ſuivre l'exemple de Craſſus & de Pompée,
perſonne n'eſt plus propre que
lui à ſéduire les cœurs : il eſt
grand par ſes exploits, grand
par ſa naiſſance, il eſt éloquent,
doux & inſinuant ; il eſt enfin,

comme l'a dit un célébre Poéte ;
l'homme de toutes les vertus &
de tous les talens. Il dépendroit
donc de lui de se rendre le premier de la République ; mais ses
projets sont plus vastes : aussi a-
t'il une Géographie particuliere.
Etre le premier entre ses égaux ,
ce n'est point regner ; & César
n'en veut qu'au Trône : il lui
faut des soldats , non des Conci-
toyens ; il faut qu'il commande
une armée , non qu'il gouverne
des affaires civiles : mais comment armera-t-il , sans faire naî-
tre des soupçons ? C'est ici la
pierre de touche de la politique
des Princes. Il arme , non pour
lui, du moins en apparence, mais

pour les intérêts & la gloire de la République. Il la sert en habile & vaillant Capitaine, pour s'en faire servir à son tour. Il l'agrandit pour pouvoir plus facilement l'opprimer. En étendant les limites de la République, il divise ses forces & l'affoiblit. L'art de regner ne consiste pas seulement à sçavoir garder le secret, mais encore à faire transpirer mystérieusement & avec adresse un dessein apparent, qui serve de voile au projet principal. Princes, publiez des projets qui soient même véritables, mais que vos Ministres ignorent, s'il se peut, le projet principal. Quiconque dans sa dissimulation ne sçait pas se servir de la vérité, est bientôt percé à jour.

Cependant il est des événemens que la prudence humaine ne peut prévoir. On connoît donc le grand Politique, à sçavoir remédier aux malheurs qu'il n'a pû éviter. Julie fille de Cé. sar, & femme de Pompée, meurt; Marcus Crassus est tué en Asie. Ces deux morts imprévûes donnent une violente secousse à l'autorité de César. Déja on veut lui ôter le gouvernement des Gaules. Il reçoit l'ordre de retourner à Rome, & de remettre le commandement de l'Armée à son Successeur. Il répond à la République qu'il est tout prêt à exécuter ſes ordres, pourvû que Pompée montre la même docilité.

M Si Céſar refuſoit poſitivement d'obéir, il ſeroit regardé comme rebelle, & ce titre odieux ſaperoit les fondemens de ſa grandeur future ; parce que ſes Partiſans étant à Rome, ſe feroient même un mérite auprès du Sénat de déſavouer un rebelle ; & ſa ruine totale ſeroit la ſuite néceſſaire d'un tel abandon. Quelles ſont donc les vûes de Céſar par ſa réponſe ? Il prétend, parce qu'il a en effet droit de le prétendre, à un ſort égal au ſort de Pompée. Il met le Sénat dans la gênante néceſſité de ne voir dans

une semblable réponse que beaucoup de fermeté, d'amour de la
gloire, & beaucoup d'émula-
tion, quoiqu'elle couvre des
desseins contre la République,
& qu'elle enseigne l'art par excellence de désobéir sans paroître criminel. César, en bornant
pour le tems présent ses desirs, a
été traité comme Pompée, se
fait des protecteurs de ses propres ennemis, puisqu'il les réduit à la violente extrémité de le
protéger, ou de déclarer Pompée coupable. D'ailleurs par sa
réponse, il se souftrait à la nécessité d'obéir, parce qu'il n'ignore
point que Pompée, aussi ambitieux que lui, ne voudra point

quitter le commandement Quiconque veut, sans se rendre
odieux, se soustraire à l'obéissan-
ce, doit faire semblant de con-
sentir à tout ce qu'on exige sous
une condition qui paroisse raisonnable, mais qui en même
tems soit impraticable.

H César, après avoir mis en usa-
ge tous les moyens les plus con-
venables pour gagner les Sénateurs, gagne son armée par ses
libéralités ; il double la paye,
passe le Rubicon, fait trembler
le Sénat, qui s'enfuit à Durazzo,
& reste maître de toute l'Italie.

M Plus un projet à d'étendue &
de grandeur, plus celui qui l'ima-
gine doit avoir des moyens de le
conduire

conduire à une heureuse fin , de
peur que l'un venant à manquer
il n'entraîne la ruine de tout le
plan. Nous voyons César partir
de ce principe fondamental d'une
politique sensée : il perd ses amis,
mais l'argent & les forces , les
deux nerfs puissans de la guerre ,
lui restent. Le Sénat au contraire
n'a pour toute ressource qu'une
autorité inpuissante pour soumet-
tre César : l'espoir qu'à César de
se rendre maître de Rome , porte
sur un point plus solide , sur l'affection & sur l'intrépidité de ses
soldats : aussi les Sénateurs le
voyent-ils paroître , oubliant
qu'ils viennent de lui donner des
ordres ils prennent la fuite. Qui-

conque aspire à la gloire de se faire obéir, doit rassembler des forces pour commander, & se dédommager par des bras achetés de ceux que l'infidelité lui enleve.

H   La fuite du Sénat laisse les portes de Rome ouvertes à César : il y entre plus en libérateur qu'en conquéranr : les deniers du Trésor public, non ceux des Citoyens, servent à récompenser ses soldats ; il plaide sa cause, il a l'adresse de charger Pompée absent de tous les troubles : il ne parle que pour la paix ; & il ne demande que le Consulat pour prix de ses exploits.

M   Un Conquérant qui peut être

maître, & qui se borne à la Dignité dont un Citoyen peut être
revêtu, persuade aisément au peuple qu'il soumet, qu'il n'a d'autre vûe que d'être Citoyen. César par une conduite si sage porte
un coup funeste à la République,
& fait voir au peuple Romain,
qu'au lieu d'en vouloir à l'Empire, il n'en veut qu'à la gloire
de Pompée. Il sauve la Ville du
pillage de ses troupes : cette
attention justifie cette idée ; personne ne peut s'y refuser, & déja
Rome regarde l'armée de César
non comme l'armée de César,
mais comme l'armeé de Rome.
César, assuré de la fidelité de ses
soldats, se borne au titre de Con-

ful, mais exerce la puiſſance de Roi ; cette politique lui fait une réputation d'autant plus ſolide, qu'elle porte ſur l'affection publique : il voit bien qu'en diſtribuant à ſes troupes le tréſor public il enrichit les particuliers. Ses ſoldats ne ſont que des canaux par leſquels il envoye au peuple des richeſſes qui reſtoient paralitiques dans le tréſor : un adminiſtration ſi bien commencée charme tout le monde ; le peuple aime un gouvernement qui lui porte l'aiſance, & qui le rend opulent.

Céſar, au lieu de pourſuivre Pompée juſqu'à Durazzo, porte ſes forces en Eſpagne, où il ſçait que ce Général a rassemblé la plus grande partie des siennes. *Allons,* dit-il *, premierement contre une Armée sans Général, & nous nous tournerons ensuite contre un Gé- n'ral sans Armée.* Il charge Caïus Antonius & Dolabella du soin de couvrir l'Italie , avec or- dre de faire tous les préparatifs nécessaires pour passer la mer , après son expédition d'Espagne.

En suivant exactement César dans toutes ses démarches, on le reconnoît non pas l'ennemi per- sonnel de Pompée, mais l'enne- mi irréconciliable de sa puissan- ce. C'est pourquoi il se porte plu- tôt en Espagne qu'à Durazzo; ou même il n'ira point , si

Pompée n'y rassemble une Armée. La haine personnelle est la passion des particuliers ; mais les passions de César, sont les passions des Princes, qui ne reconnoissent pour ennemis que les obstacles à leur grandeur. En effet nous voyons César traiter avec clémence les vaincus ; & la gloire d'avoir triomphé, étouffe dans cette grande ame le plaisir de la vengeance.

La victoire est dans les Princes le terme de la haine, & souvent de l'amour.

H   César, après avoir défait en Espagne, & dispersé les Troupes de Pompée, marche vers Durazzo ; il y perd la premiere bataille, & gagne la seconde aux Plaines de Pharsale, où il défait entierement Pompée, & ne lui laisse que l'humiliante ressource de s'enfuir en Egypte.

César est battu dans la pre- *M* miere bataille, mais il n'est pas vaincu; ce revers ne le décourage point, mais l'instruit; il apprend à mieux connoître son ennemi. Vainqueur lui-même d'un évenement si contraire, il prend mieux ses mesures, livre une seconde bataille, & remporte une victoire complette. César, quoique vaincu, espere encore de vaincre; Pompée, quoique vainqueur, craint d'être vaincu. Le premier a triomphé du plus

grand obſtacle, de la crainte;
plus le ſecond à gagné plus il
craint de perdre. Céſar à l'eſpé-
rance pour guide, Pompée la
crainte: Céſar triomphe, & Pompée eſt défait. L'amour de regner,
& le courage naiſſent enſemble:
ces deux jumaux ont les mêmes
affections : l'un des deux man-
que-t-il, rarement l'autre ſe
ſoutient. Le deſir de regner ſert
d'aliment à l'intrépidité de Céſar. Veut-il paſſer le Rubicon?
Camarades, dit-il à ſes ſoldats,
paſſons, le ſort en eſt jetté : la
tempête repand l'ailarme ; le
trouble paſſe juſques dans le
cœur du Pilote. Il tremble : *ne
crains rien*, lui dit Céſar, tu porte

César & sa fortune. Un Prince doit toujours rendre les Dieux garants de son sort, s'il veut encourager les peuples qui s'y intéressent ; alors il est plus que leur Prince ; il est leur Dieu. Nouveaux Enées ils le chargent sur leurs épaules dans le moindre danger.

César poursuit Pompée en *H* Egypte. Ptolomée fait assassiner Pompée pour faire sa cour à César. Celui-ci ne veut point voir la tête de son Rival : il est plus généreux ; il plaint son sort.

César n'est point ébloui de ses *M* succès : il est trop grand Politique pour ignorer que, s'endormir sur sa victoire, c'est toucher au mo-

I. Partie. C

ment de sa défaite , & que quiconque s'endort sur ses lauriers, risque souvent de s'éveiller sur des ciprès ; il est trop grand Capitaine pour donner à son ennemi le tems de respirer ; il poursuit Pompée en Egypte : son nom le devance partout , il lui vaut une armée : déja Ptolomée le craint ; de la crainte il passe à la lâcheté. Il envoye, contre le droit des gens, la tête de Pompée à César. Mais César trop grand pour applaudir à un grand crime, le punit ; & trop politique pour ne pas en tirer avantage, en recueille tous les fruits : loin de louer Ptolomée il le blâme ; cette conduite adroite le fait passer pour

généreux, quoiqu'il ait le vice opposé; s'il approuvoit Ptolomée, ne
faudroit-il pas le récompenser? Le
grand art de regner consiste à prendre d'une main les avantages que
le crime nous offre, & à le punir de
l'autre. Ptolomée rend sans doute
un service important à César en le
délivrant de Pompée ; mais si
César plaint son Rival, je remarque que ce n'est que pour enlever
injustement sous les apparences
de la justice, le Royaume à
Ptolomée ; si au contraire César
laisse échapper quelque signe de
joie, reconnoissant par bienséan-
ce, il est obligé de traverser sa
politique en laissant Ptolomée
paisible possesseur de son Royau-

me : ſi les Grands mépriſent les
bienfaits , ce n'eſt que pour ſe
diſpenſer de la reconnoiſſance ;
mais n'en recueillent-ils pas
clandeſtinement tous les avantages ?

H   Céſar , après avoir vengé la
mort de Pompée , par celle de
Ptolomée , qui eſt tué dans la bataille , ſe rend maître de l'Egypte ; il en donne le gouvernement à Cléopatre qu'il aime.

M   Si l'amour de Cléopatre coûte
le gouvernement de l'Egypte à
Céſar , il ne lui coûte pas une
ſeule foibleſſe. Amant de Cléopatre , il ne ceſſe point d'être
Général contre Ptolomée. Il fait
l'amour à celle-là , ſans ceſſer de

faire la guerre à celui-ci. Son amour dominant eſt l'amour de la gloire ; l'amour de Cléopatre lui eſt ſubordonné. Il s'amuſe avec elle , mais ne ſe laiſſe point amuſer. Son deſir de dominer , domine même ſur ſes plaiſirs. Son ambition eſt la Reine de ſes paſſions. Loin de ſe laiſſer dominer en jouiſſant , il jouit en dominant. Il ſçait en un mot (ce que beaucoup de Princes ignorent) il ſçait être tout à la fois Amant & Céſar. Tout Prince qui eſt eſclave de ſes plaiſirs , touche au moment fatal d'être Sujet de ſes Sujets.

Dès que Céſar a réduit l'Egyp- *H* te , & ſubjugué pluſieurs Provinces de l'Afrique, il retourne à Rome pour recevoir les honneurs du triomphe ; mais il refuse ceux que l'on veut lui rendre pour la victoire qu'il a remportée fur Pompée.

Pompée étoit Conful, & Céfar n'ignore point que triompher d'un Conful Romain, ce feroit triompher de Rome même, par conféquent l'offenfer ; auffi refufe-t-il obftinément des honneurs fi perfides. Ce refus lui attire plus d'applaudiffemens que tous les autres triomphes. Le peuple qui ne pénétre jamais plus avant que l'écorce, ne voit dans cette conduite que la modeftie & la modération d'un

Héros couvert de gloire ; mais qui ne s'enorgueillit point : fes ennemis, quoique vaincus, ne font-ils point forcés à fe déclarer ennemis de Rome, ou à le louer avec Rome ? Les réduire à cette fâcheufe alternative, n'eft-ce pas les anéantir ? En effet tous les autres triomphes font les triomphes de Céfar foldat ; mais le refus adroit du triomphe de Pompée, eft le vrai triomphe de Céfar Prince. Pourquoi ? Parce que la fortune n'a aucune part à la gloire de ce refus, & qu'il eft entierement l'effet d'une vertu fupérieure qu'il ne doit qu'à lui-même.

H   C'eſt du jour de ce grand triomphe que date la fondation de l'Empire Romain. Céſar ſe voit à la tête des affaires de l'Univers ; mais il n'oublie point comment il y eſt parvenu : il ſait que le peuple Romain déteſteroit la clémence & la douceur même, revêtues des ornemens Royaux, & qu'il adore l'autorité Royale ſous la Robbe Conſulaire : il ſe borne au titre d'Empereur, titre qui appartient aux Généraux qui ont reçu les honneurs du triomphe ; il refuſe celui de Roi.

M   Juſqu'ici je vois la politique de Céſar marcher de niveau avec la politique qui veut uſurper la puiſfance suprême fans fe charger du titre odieux de Tyran. Plus il affecte d'être l'égal de fes fujets, plus il établit fa puif-fance, & plus il déconcerte fes ennemis. Un peuple né libre fe prête à toutes les innovations féduifantes, pourvû qu'elles ne le dépouillent point de l'écorce de la liberté ; que le peuple Romain puiffe dans fes fers dire: *Nous avons conquis une telle Province, nous avons rendu un tel Prince notre tributaire ;* il léchera les chaînes dont on le charge. Céfar eft Romain, il connoît le génie du peuple qu'il commande ; mais réfiftera-t-il toujours aux piéges que fes ennemis tendent à son ambition ?

H La flaterie, cette ennemie puissante du genre humain, fait échouer toute la prudence humaine; ses armes sont invincibles, les coups qu'elle porte sont assurés, César l'éprouve : des flateurs adroits, lui racontent tous ses exploits glorieux, lui représentent que le titre de Consul & celui de premier Citoyen sont égaux, & que l'un & l'autre sont une récompense bien modique pour tous les services éclatans qu'il a rendus à la République ; que tel qui a vaincu des Rois est bien digne lui-même du titre de Roi; que n'oser entreprendre de le devenir, c'eſt ſe montrer indigne de l'être, ou du moins craindre ſes ennemis : le poiſon fait ſon effet. La prudence de Céſar s'é- clipſe ; le ſouvenir de ſes gran- des actions l'éblouit : ces diſ- cours flateurs remuent ſon amour propre ; ſon ambition ne reconnoît plus de frein. Céſar n'eſt plus Conſul : cette dignité flétrit ſa gloire : il tranche du Roi ; & mépriſant l'uſage établi, il ne ſe leve plus lorſque le Sénat en corps va lui rendre ſesreſpects.

Saper les principes fonda- mentaux d'un Gouvernement que le peuple a adopté, ſans encourir ſa haine, & ſans ex- citer contre ſoi des fermenta-

tions dont les suites font funef-
tes, est un prodige dont aucune
Histoire ne nous fournit d'e-
xemple. Mais laisser au Gouvernement toutes les apparences de son ancienne constitu-
tion, & le miner sourdement sans
que le peuple soupçonne qu'on
tend des nouveaux piéges à sa
liberté imaginaire, c'est le chef-
d'œuvre de la politique la plus
rafinée, & que nous avons admiré jusqu'ici dans toutes les
démarches de César. Si le titre
de Roi ne le séduisoit point,
nous le verrions la hache à la
main, couvert de la Robbe
Consulaire, parvenir sans Sceptre & sans Diadême à ce point

d'autorité & de puissance, qui le rendroit l'Arbitre souverain de la vie & des biens d'un peuple Républicain ; mais il prend le titre de Tyran ou de Roi (titres alors synonimes,) le peuple ne voit plus dans César, qu'une puissance terrible, qui va l'opprimer, & la distance qu'il apperçoit entre le sujet & le Roi mortifie sa vanité, que la distance, qui étoit entre le Citoyen & le Consul, nourrissoit. Bien-tôt le titre odieux de Roi qui a séduit César, sera le terme fatal de son autorité & de sa vie. Un Prince bon politique ne doit point s'attacher aux noms, mais aux choses, & préférant

les droits aux titres , il doit méprifer les uns pour fe faifir des
autres.

H   Céfar ébloui du titre de Roi,
non-feulement méprife le Sénat,
mais encore tourne en ridicule
le nom de République : il fe
laiffe encore mieux pénétrer par
les tranfports de colere auxquels
il s'abandonne, lorfqu'il apprend
que les Tribuns ont puni un
homme pour avoir eu la témé-
rité d'avoir mis une Couronne
Royale fur une de fes Statues.
Alors tout le monde apperçoit
le Roi dans le Conful à travers
la Robbe Confulaire ; mais Rome détefte les Rois : elle ne reconnoît plus que le Tyran dans

celui qu'elle regardoit comme son libérateur, qu'elle aimoit comme son pere, & qu'elle res- pectoit comme son conserva- teur : elle cherche des bras pour se vanger de son aveuglement, l'envie lui en fournit. Mar- cus Brutus, Marcus Spurio, Cayus Crassus, Cayus Casca, Attilius - Cimber, &c. le poi- gnardent au milieu du Sénat.

Tant que César a méprisé le *M* titre de Roi, il l'a été en effet avec le titre de Républicain ; mais les Républicains l'assassi- nent dès qu'il laisse voir qu'il vise à la Royauté : le grand art d'un Usurpateur ne consiste point seulement à monter, mais encore à se garantir de la chûte, si César avoit possédé l'art par excellence de se soutenir, comme il possédoit supérieurement celui de parvenir, ses ennemis n'auroient point eu l'art de le faire tomber. Tout Prince qui se croit assuré sur le trône est voisin de sa chûte ; tel au contraire qui se croit chancelant s'y soutient. Plus on est élevé, plus on doit être sur ses gardes ; parce qu'en effet on est plus exposé à l'impétuosité des vents de l'ambition.

Les Devins prédisent la mort à César. *Spurina* lui dit de se garder du quinziéme jour de Mars. César allant au Temple à pareil jour, l'apperçoit & lui dit en se moquant de lui : Voici, Spurina, le quinziéme jour arrivé. Ouï, lui répond Spurina ; mais il n'est pas encore passé.

Dès que les Devins sont en crédit à Rome, César péche contre la politique en méprisant leurs avis : il ne convient point à un Prince de faire parade d'une Philosophie, qui après tout n'a de la Philosophie que le nom : s'il méprise certains avis, que ce ne soit qu'en apparence ; mais qu'il s'en serve en particulier : tout devient important à un Souverain usurpateur. Quoique tous les Auteurs se réunissent pour admirer les

I. Partie. D

réponses que César fait à ceux qui lui conseillent de garder sa personne , je ne saurois les approuver. Car enfin que prétend - il leur faire entendre en leur disant qu'il aime mieux mourir une fois que de vivre toujours dans la crainte & dans la défiance ? Qu'il a acquis assez de gloire ; mais il lui en restoit à acquérir : étoit - ce qu'il ne craignoit point la mort ? Mais cette rodomontade est d'autant plus indigne de lui , qu'elle est superflue : il a fait ses preuves ; étoit-ce enfin qu'il étoit préparé à tout événement , & qu'il défioit le sort de le surprendre ? Mais quelle est la Philosophie

la plus faine pour un Prince,
ou de fupporter avec fermeté
les malheurs en négligeant de
les prévenir, ou de les prévenir
en effet avec une prudence qui
déconcerte fes ennemis & même le fort ? D'ailleurs n'eft-ce
pas céder la victoire à fes ennemis que de ne pas mettre
tous fes foins à traverfer leurs
projets lâches & criminels ?
Peut-être vouloit-il joindre à la
gloire de conquérant celle d'efprit fort ; mais quelle erreur !
N'eft-pas la juftefse, & non la
force de l'efprit qui fait le grand
Prince ?

CHAPITRE II.

OCTAVIEN.

H A Peine Octavien a-t-il atteint l'âge de dix - huit ans, qu'il apprend la mort de son Oncle : il quitte la Pouille, vole vers Rome le cœur rempli de la vengeance qu'il médite contre les assassins de César ; mais sa Mere arrête cette impétuosité déplacée, & lui prouve par les raisons d'une politique sensée, qu'il doit au contraire respecter comme vertu un crime que la République a jugé nécessaire : elle lui fait sentir la grandeur d'a-

me qu'il y a à sacrifier l'amour
du sang à l'amour de régner. Octavien se rend à l'importance de
l'avis : ses yeux que la fougue de
la jeunesse & le desir de vengeance avoient obscurcis , apperçoi-
vent déja toute la lumiére d'un
conseil aussi éclairé ; & son premier essais de politique est un
chef-d'œuvre que le Prince le
plus consommé dans cet art ne
désavoueroit pas ; son cœur
s'ouvre tout entier à l'amour de
régner. Octavien sait déja que,
pour parvenir au Trône, il faut
qu'il couvre son ressentiment
de l'amour de la Patrie.

Si César n'eût été que Consul, la Mere d'Octavien auroit

admiré & en même tems en-
couragé son fils : ce desir de
vengeance lui auroit paru glorieux , peut - être même n'au-
roit-elle cru son fils digne d'elle,
qu'après que César auroit été
vengé ; mais César étoit maître
de l'Empire : le desir de son
fils ne lui paroît plus qu'un
courage impétueux qui est l'effet
de sa grande jeunesse. Ce n'est
plus qu'une vertu ordinaire qu'il
faut sacrifier à une vertu supérieure , à l'amour du Trône :
toutes les vertus qui sont vertus
pour les autres hommes , ne
sont plus que des foiblesses in-
dignes d'un homme qui veut
commander. Octavien instruit

par sa Mere , est frappé de cette
vérité , qui est le point vertical
de la Royauté. César n'est plus
pour lui que Césa dont il doit hériter la puissance. La vûe du Trône efface la mémoire de l'Oncle :
l'amour de regner donne encore
plus d'étendue à la dissimulation
d'Octavien : il se déclare ouvertement ennemi d'Antoine,
parce que Marc - Antoine étoit
ami de César. Il ne voit plus
en lui que l'ennemi de la République : il donne le change
au Sénat. Le Sénat tombe dans
ses péges : chez les Grands
l'amour du Trône est toujours
plus puissant que l'amour de
consanguinité. En bonne poli-

tique l'intérêt particulier doit céder pour un tems à l'intérêt commun : l'amour qu'on a pour ses parens porte sur un objet étranger. L'amour du Trône porte sur l'amour propre. Le premier vient du sang, le second de l'esprit : celui-là nous est commun avec les bêtes, celui-ci nous fait participer de la divinité ; auquel donne-t-on la préférence ? Princes, la décision vous appartient.

H On va voir la solidité du principe sur lequel est établie la politique de la Mere d'Octavien. Marc-Antoine, ami aussi fidéle, qu'Octavien est parent dénaturé de César, irrité d'une telle

telle noirceur, arme contre lui:
celui-ci l'apprend, il follicite
le fecours de la République.
Ciceron, féduit par fon extérieur républicain, le crée Séna-
teur, & l'envoye avec le titre
de Vice-Préteur, fous les Confuls Hirtius & Panfa contre
Marc-Antoine, qui a mis le
fiége devant Modene.

Si Octavien avoit méprifé le *M*
confeil de fa Mere, & fuivi les
fentimens de vengeance que la
mort de Céfar lui infpiroit,
la République n'auroit vû en
lui qu'un vengeur de la fouveraineté; au lieu qu'elle n'y voit
qu'un ennemi déclaré de Marc-
Antoine, ami déclaré de Céfar

I. Partie.   E

& de sa puissance. Dès que la République voit Octavien animé de l'esprit Républicain, Marc-Antoine son ennemi, devient l'ennemi personnel de la République : sa cause & celle de Rome se confondent, & ne font qu'une cause commune : on lui confie une partie de l'armée. Si la Mere d'Octavien n'ignore pas que par sa naissance une partie du patrimoine de César ne peut échapper à son fils, elle sait aussi que cette succession peut le rendre à la vérité un Citoyen riche ; mais qu'elle le laisse toujours Citoyen. Elle ne veut pas que son fils se borne à commander à un coffre fort, elle veut qu'il commande à des hommes. Par le conseil de sa Mere, il se met en état d'obtenir des troupes qui l'éleveront à l'Empire. Un bon conseil vaut quelquefois un Royaume : n'est-ce pas par un bon conseil qu'Octavien va obtenir un Empire ?

La prédiction touche à son *H* accomplissement : l'armée de la République triomphe de celle de Marc-Antoine. Hirtius reste sans vie sur le champ de bataille. Pansa est blessé dangereusement ; il meurt quelques jours après, & tous les lauriers de cette fameuse journée se rassemblent sur la tête d'Octavien.

M   Rome aveuglée par la diſſimulation d'Octavien , commence cependant à reconnoître
ſon erreur : déja elle le pénetre;
la mort des deux Conſuls fait
cette grande cure. Le bruit court
dans Rome que Hirtius a été
aſſaſſiné dans la mêlée , que les
médicamens appliqués aux bleſ-
ſures de Penſa ont été empoi-
ſonnés , & qu'Octavien aſpire à
s'emparer du commandement.
Deux hommes de moins pour
un ambitieux , ſont deux inſec-
tes écraſés. Si Octavien avoit
ménagé les deux Conſuls, il ne
ſeroit encore qu'au troiſiéme
rang dans l'armée , & ce rang
eſt mépriſable pour quiconque en

veut au premier. La trahison est
un instrument empoisonné dont
les Princes se servent, mais qu'ils
ne touchent jamais. Octavien
n'avoit point d'autre voie , & la
morale des Grands consiste (nous
l'avons déja dit) à regarder comme vertu un crime nécessaire.
Par cet artifice Octavien excite
d'abord contre lui la jalousie &
l'indignation de Rome. Rome
irritée se repent de sa confiance,
& c'est le point où Octavien
vouloit, & devoit en effet la
réduire.

Il demande au Sénat ce qu'il *H*
sait que le Sénat ne lui accor-
dera point ; mais enfin il le demande pour tirer de ce refus un

motif qui juftifie fes entreprifes, & qui lui concilie l'amitié des Soldats : Que demande - t - il ? De fuccéder aux Confuls dans le commandement de l'armée. La République fe tient fur fes gardes , & refufe ouvertement; mais Octavien marche à la tête de fes troupes , dont il a acheté la confiance par de grandes libéralités , entre dans Rome , & obtient par la force ce qu'il ne voudroit pas obtenir de bon gré.

M Cette violence d'Octavien juftifie les foupçons que Rome a formés , mais trop tard , fur fa conduite : il eft chargé de la mort des deux Confuls ; mais

il eſt vainqueur , & la victoire
ne ſe met point en peine de
ſe juſtifier. Tranquille ſur ces
deux crimes, Octavien dont la
politique s'étend , à meſure que
ſon pouvoir augmente , em-
braſſe toutes les faces d'un objet, & ſe fixe à la principale.
Il tire avantage de cette idée
du peuple Romain, qui le charge
de ce double homicide : il voit
que le Sénat eſt comme intimidé
de la fierté avec laquelle il regarde tous les diſcours que l'on
tient ſur un ſujet ſi important :
il ſe pare de ſa cruauté , parce
qu'il ſait qu'on ne peut lui faire
ſon procès. La fermeté des
Grands dans les crimes qu'ils

E iv

commettent, fait leur innocence; d'ailleurs, Octavien connoît la Loi; s'il est cité, comment le condannera-t-on ? Sur un bruit populaire ? Mais cette forme de procéder est vicieuse : il n'aura qu'à lui opposer la jalousie de ses ennemis. Où le Consul a-t-il été assassiné ? Dans la mêlée. N'est-ce pas le faire mourir dans le lit d'honneur ? Peut-on appeller cette action un assassinat, puisqu'elle passe sous le nom pompeux de victoire ? Octavien emploie la force pour se faire élire Consul, & il réussit. Princes, permettez que je vous interroge. Quelle différence mettra-t-on entre un tel Conful & un Prince?

Pendant que la hache à la *H*
main & couvert de la Robbe
Confulaire, Octavien exerce
le defpotifme, Rome s'aigrit
contre lui; mais Politique pro-
fond, il négocie fa paix avec
Antoine, & recherche l'amitié
de Lepidus. Ces trois fameux
rivaux ont une entrevûe dans
une Ifle du Labinus : ils con-
cluent leur traité, d'où l'on voit
éclore un nouveau Gouvernement. Le Triumvirat.

Le premier foin d'un ufurpa- *M*
teur doit être de réunir fes forces, & d'anéantir tous les obf-
tacles qui peuvent les divifer.
Octavien fent bien qu'il ne peut

pas se soutenir, & contre la
République, & contre Marc-
Antoine. Dans une circonstance
si critique où trouvera-t-il un
appui? Sera-ce hors de Rome?
Se fortifiera-t-il de l'alliance de
quelque nation étrangere? Outre
que cette politique n'auroit rien
de supérieur, c'est encore ins-
truire de ses forces & de sa
foiblesse, une nation étrangere
en l'appellant dans son pays:
ce sont des espions qui font tôt
ou tard payer trop cher les secours qu'on en reçoit; d'ailleurs
il lui resteroit toujours un ennemi, c'est Marc-Antoine. C'est
donc dans Marc-Antoine même
qu'il cherche & trouve cette

fage reffource. Il fait fa paix
avec lui , & recherche l'amitié
de Lepidus. Peu lui importe
que celui-ci ait trempé fes mains
dans le fang de Céfar , & que
ce crime ait été récompenfé
du Souverain Pontificat ; avec
Octavien , les morts ont toujours tort. Eft-ce donc chez les
Princes que la nature doit fe
faire entendre ? Sa voix eft une
voix fourde , qui ne porte jamais jufqu'au cœur des Grands;
partout où l'ambition parle , la
nature fe tait. Tout dans Octavien part de ce principe , qui
eft le principe par excellence
de la fouveraineté ; tout y abou-
tit. Pour déterminer fes deux

rivaux, il leur offre leur part de la domination ufurpée, & l'on voit ces trois fameux Romains fe réunir par le même principe qui les divifoit.

Il eft dans chaque homme une paffion dominante dont toutes les autres font efclaves : qu'un avare foit amoureux, l'avarice fouffle & éteint le flambeau de l'amour, dès qu'il eft queftion d'ouvrir le coffre ; l'amour domine-t-il ? l'avarice fe tait, quoiqu'elle fe voye volée par l'amour La paffion dominante d'Octavien eft de regner, fon defir de vengeance contre Lepidus, & fa jaloufie contre Marc - Antoine, fe perdent dans ce fentiment

qui remplit toute son ame.
L'ambition sans la dissimulation
n'est qu'un corps sans ame ;
celle-ci est l'élément de l'autre ;
ce sont deux corps qui n'ont
qu'une tête, j'oserois même assurer qu'ils n'ont qu'un cœur.

La plus grande partie du
traité que font ces trois rivaux,
roule sur trois articles. Celui
de l'intérêt est à la tête ; il porte
que l'Empire Romain sera divisé en trois Gouvernemens
pendant l'espace de cinq ans.
La Gréce & l'Asie tombent sous
la domination de Marc-Antoine ;
Lepidus se voit maître de l'A-
frique : l'Italie , les Gaules,
l'Espagne , la Germanie , & la

Sclavonie deviennent la portion d'Octavien. Après l'intérêt marche la vengeance ; elle eſt l'objet du ſecond article. Il y eſt arrêté que l'on fera maſſacrer les principaux Citoyens de Rome , encore zélés pour la liberté Romaine : cet article eſt preſque auſſi-tôt exécuté que conçû : trois cens Sénateurs ſont égorgés ; Rome ſe noye dans ſes larmes & dans ſon ſang. A la vengeance commune ſuccédent les vengeances particulieres. Elles ſont le ſujet du troiſiéme & dernier article : il y eſt dit , que chacun ſera maître de ſe venger de ſes ennemis particuliers : chacun s'engage par ſerment à faire tomber sous le glaive toutes les victimes, qu'il plaira à un des trois contractans d'immoler. En exécution de cet article, Marc-Antoine livre le Frere de son Pere à la fureur de Lepidus; celui-ci abandonne son Frere à la fureur d'Octavien, qui après avoir autrefois appellé Ciceron son Pere, le livre à la cruauté d'Antoine.

On voit dans ce traité les trois principes de la tyrannie, la fraude, la violence & l'impiété : la fraude en introduisant sous l'apparence d'un Gouvernement de cinq ans, un Gouvernement perpétuel; la violence en faisant égorger tout ce qui

respiroit encore pour la République ; l'impiété, en prenant
les Dieux pour témoins de ces
cruautés. Par la fraude , ils
renversent de fond en comble
le Gouvernement naturel aux
Romains ; par la violence, ils
foulent aux pieds, non - seulement les Loix civiles , mais
encore les Loix de la Nature ;
& par l'impiété, ils bravent la
Religion ,& défient la Divinité.
Tyrans , ne peut - on pas vous
dire , que toutes vos actions se
rapportent à vous-mêmes , que
vous n'aimez personne , & que
vous ne croyez en rien ?

H   Octavien signale le commencement du Gouvernement nouveau

veau dont l'établissement lui coûte tant de soins , par la répudiation de sa Femme , qui est remplacée par Claudia, Belle-fille de Marc - Antoine. Brutus & Cassius sont en Gréce, occupés avec le reste de leurs troupes à soutenir la liberté expirante de la République : Octavien & Marc - Antoine unissent leurs forces , marchent vers les deux Républicains , & après plusieurs combats les réduisent à se faire donner la mort par leurs esclaves.

La chaleur avec laquelle Oc- *M* tavien passe subitement de l'oppression de Rome à celle de Brutus & de Cassius, est dans

I. Partie.   F

l'art de regner une des plus im-
portantes maximes : elle con-
sisle à harceler sans cesse un ennemi qui commence à succom-
ber. Tout Souverain qui perd
de vûe cette maxime, donne le
tems à son ennemi de rétablir
ses forces, & s'expose à suc-
comber lui-même : le désordre
& le découragement du vaincu
valent une armée au vainqueur;
& le grand art de maintenir le
désordre dans une armée déja
battue, est de la poursuivre l'é-
pée aux reins jusqu'à sa défaite totale. Maxime qu'Octavien pratique avec habileté : il
réduit en peu de tems Brutus
& Cassius à ne savoir quel parti

prendre, & enfin à se faire tuer de désespoir. Ne laisser pour toute ressource à son ennemi que la mort, est certainement ce que la victoire a de plus flateur : n'est-ce pas en effet, en le réduisant au désespoir, lui arracher le cœur & lui couper la tête ?

La Mort de Brutus & de *H* Cassius rendroit le Triumvirat paisible possesseur de l'autorité suprême, si Marc - Antoine, ébloui de sa grandeur, n'oublioit pas qu'il a une femme, & s'il ne se rappelloit point qu'il a une maîtresse. Après la défaite de Brutus & de Cassius, il vole en Egypte dans les bras de Cléopatre. Octavien

retourne à Rome, récompenſe
ſes ſoldats en leur diſtribuant
les terres ; mais Fulvie, femme
de Marc-Antoine, furieuſe de
l'infidélité de ſon mari, engage
ſon couſin Lucius - Antonius,
alors Conſul, à déclarer la guerre
à Octavien, ſous prétexte qu'il
n'a point eu d'égards pour les
amis de Marc-Antoine dans la
diſtribution des récompenſes :
elle n'a cependant d'autre objet que d'arracher ſon mari des
bras de Cléopatre. Auguſte, quoiqu'occupé à récompenſer , ne
néglige rien pour ſe mettre en
état de punir : il marche contre
Lucius, le ſerre de ſi près dans
Perouſe, que celui- ci vaincu ,

par la faim , se jette aux genoux du vainqueur , qui le reçoit favorablement , & lui redonne son ancienne amitié.

Un Prince,qui n'a que la force M pour tout droit de souveraineté, doit regner par la terreur jusqu'à ce qu'il soit solidement établi sur le Trône : sa clémence en pareil cas seroit regardée comme foiblesse , ou comme crainte. Nous voyons Octavien encore chancelant , être vindicatif & cruel contre ses ennemis ; mais son autorité est - elle bien établie ? Il ne s'en sert plus que pour se signaler par sa clémence. Tout Prince qui veut se montrer sans passion , doit

quelquefois pardonner les at-
tentats même les plus énormes
contre sa personne. La vengeance porte l'empreinte de la crainte ; & ce Prince péche bien grof-
fiérement contre la faine politique, qui laisse transpirer dans
sa conduite le plus léger soup-
çon de ce sentiment. Un Prince
qui ne fait que punir, fait confondre la justice avec la vengeance : pardonne-t-il quelquefois, il fait voir en punissant,
qu'il est plus occupé du foin de
punir, que de celui de se venger. Toujours punir est être esclave de la Loi, pardonner au
contraire, est une action de
maître. Le Prince punit-il ? il

n'eſt que Juge. Pardonne-t-il ?
il eſt Prince.

Marc - Antoine ayant appris *H*
que Lucius-Antonius ſon Frere,
& couſin de ſa femme, a déclaré la guerre à Octavien, part
d'Egypte, arrive en Italie, ſe
joint à Sextus Pompeius, qui
avec les débris de l'armée de
Brutus, s'eſt emparé de la Sicile. Cette conquête le rend
maître de la mer : Octavien
propoſe un accommodement :
Mæcenas de la part d'Au-
guſte, Aſinius Pollio de la
part de Marc - Antoine, ſont
nommés pour les propoſitions.
La négociation eſt heureuſe : la
paix eſt conclue, & le Trium-

virat renouvellé pour cinq ans.
Sextus se contente de la Sicile,
de la Corse & de la Sardaigne
qu'on lui accorde par le traité;
& Marc-Antoine, devenu veuf
par la mort de Fulvie, épouse
Octavie, Sœur d'Auguste, &
veuve de Marcus Marcellus.

En examinant scrupuleuse-
ment ce trait d'Histoire, on ne
peut se refuser à la sublimité de
génie qu'Antoine montre lorsqu'il est question d'enfanter des
projets dignes d'un si grand
Prince; mais on est indigné de
son ineptie dans l'exécution.
Dans Octavien au contraire on
ne voit que des desseins ordi-
naires; mais on est obligé de
l'admirer

l'admirer dans l'exécution : il mesure ses projets sur sa capacité, & il ne se propose que ce qu'il est sûr d'exécuter. Il est certain que le traité de Marc-Antoine avec Sextus, auroit mis Octavien dans l'impossibilité de se soutenir. Sextus est maître de la mer, & l'Italie ne suffit pas à la subsistance des Légions & d'un peuple aussi nombreux que le peuple Romain, & les Légions Romaines. Il peut en intercepant la communication des Isles adjacentes & de l'Afrique, opposer à Octavien un ennemi invincible, la famine. Ce traité enléve donc la Monarchie universelle à Marc-Antoine,

I. Partie.   G

L'accommodement qu'il con-
clut avec Auguste, est le premier pas qu'il fait vers sa ruine,
& le dernier échelon qui man-
quoit à Octavien pour monter.au
Trône de l'Univers. L'art de
regner ne consiste pas seulement
à imaginer des grands projets,
mais encore à bien conduire
ceux que l'on fait. Le génie
peut bien commencer un Prince;
mais la prudence l'acheve. Les
productions d'une imagination
vive sont, à proprement parler,
la vertu d'un Philosophe; mais
la prudence est la vertu par excellence d'un Prince.

H Si Marc-Antoine s'étoit fixé
à son alliance avec Sextus, la

guerre dans laquelle il se trouve engagé contre les Parthes, ne donneroit point une si violente secousse à sa fortune. Dès que Octavien est informé de cette guerre, il entre dans la carriere qu'elle ouvre à son ambition : pendant qu'Antoine est occupé avec les Parthes, il attaque Sextus. Un voisin si puissant le gêne ; mais les troupes d'Auguste sont batues dans toutes les occasions par celles de Sextus : le vaincu envoye Mécene solliciter du secours auprès de Marc-Antoine ; voyant que la fortune s'obstine encore à le traverser, il a recours à Lepidus : celui-ci vient en personne avec mille

Navires & quatre-vingt Galleres. Auguste avec un secours si
puissant, n'est pas plus heureux;
cette nombreuse Flotte est presque détruite par une tempête,
& Sextus tombe avec succès
sur le reste des Vaisseaux échap-
pés à la fureur des vents; mais
Octavien se découragera-t'il ?
non; il trouve des ressources
dans sa constance & dans sa
fermeté. Il leve des nouvelles
troupes, poursuit son projet
avec vigueur, se rend maître
de Messine, & met en fuite
Sextus, qui se réfugie en Orient
avec les dix-sept Galleres qui
lui restent, pour implorer le
secours de Marc-Antoine, qui
le fait mourir.

Ce trait d'histoire rend sensible la différence que je trouve entre la conduite d'Octavien & celle d'Antoine ; il commence par rompre la ligue de
Sextus & d'Antoine. A peine
a-t'il conclu la paix avec ses
deux ennemis, qu'il déclare la
guerre au premier ; parce que
le dernier, engagé contre les
Parthes, ne peut le secourir :
tout Prince qui veut affoiblir
ses ennemis, doit s'attacher à
les diviser. Mais Octavien pour
assurer & étendre sa puissance,
doit joindre à cette maxime
qu'il pratique avec tant de succès, une fermeté à toute épreu-
ve : aussi le vois-je se roidir

contre les coups que le deſtin lui porte : Prince habile il défend le tout quoiqu'il perde des parties : il connoît la néceſſité de détruire Sextus pour aſſûrer Rome ; rien ne le rebute. Que la flotte périſſe, qu'il ſoit battu de tous côtés, il ne ſe croit pas vaincu, ſon projet nourrit ſon courage, il triomphe de Sextus. La conſtance vaut à un Prince le double de ſes forces.

H Sextus eſt-il mort ? Pline ſon Général, conduit ſes galeres vers Lepidus, & lui perſuade d'entreprendre la conquête de la Sicile. Lepidus ſe livre à ce projet & déclare la guerre à Auguſte. Auguſte, avant que d'en venir aux mains , corrompt par des Agens secrets les principaux Of-ficiers de l'armée de ses ennemis. Il les gagne par des promesses séduisantes. Lepidus se voyant abandonné, se dépouille des mar-ques du commandement , se jette aux pieds d'Auguste , im-plore sa clémence , obtient sa grace , trop heureux d'être réduit à passer le reste de sa vie à Rome en simple Prêtre ; & l'Empire du monde reste divisé entre Oc-tavien & Marc-Antoine.

Un grand Prince doit tenter *M* tout avant que d'en venir à un combat. Octavien est trop grand Général pour craindre d'en ve-nir aux mains ; mais il est trop bon politique pour ne pas essayer tous les moyens de remporter la victoire sans se battre. Il fait pressentir les Officiers de l'armée ennemie, il réussit & se voit maître de plus de la moitié du monde, par une action qui ne lui coûte pas une goutte de sang. Les hommes sont la monnoye des Princes; ils doivent acheter les conquêtes qu'ils font aussi bon marché qu'ils peuvent. Ce métail est précieux. Le reste de la conduite d'Octavien répond à sa victoire. S'il a vaincu ses ennemis sans qu'il lui en coûte du sang, il veut jouir de sa victoire sans répandre celui de ses ennemis. Lepidus est un perfide. Il a

juré si souvent à Auguste une foi
achetée par tant de bienfaits,
qu'il ne peut armer contre lui,
sans être ingrat. Une perfidie
mérite une trahison. Il est abandonné des siens. Auguste le voit
à ses pieds; maître de sa vie, il
lui accorde sa grace. Ce trait de
clémence seroit imprudence
dans un Prince moins instruit
qu'Octavien; mais il sçait que si
sa clémence le fait aimer, il n'a
plus d'ennemis; si au contraire
elle enhardit à l'inquiéter, le fisc
ou trésor public en profite. Dans
un Gouvernement éclairé les
fautes des riches enrichissent les
Princes; celles des pauvres au
contraire l'appauvrissent.

H. Mais le bonheur amollit le cœur des plus grands Héros. Marc-Antoine ébloui de sa fortune, ne s'occupe plus que des plaisirs que lui offrent les appas & le cœur de Cléopatre. Tout à son Amante, il oublie qu'il est époux. Il ne se ressouvient plus d'Octavie qu'il a laissée à Rome depuis son dernier voyage. Octavien, de son côté, répudie Scribonia, qui lui a donné une fille appellée Livie. Livia-Drusilla femme de Tibere-Néron, pere de Tibere, qui est dans la suite Empereur, remplit la place de la répudiée. Drusilla est enceinte, & son mari est vivant. Mais Auguste, bien différent

d'Antoine, sçait jouir des plaisirs sans que les plaisirs le possé-
dent. Il est tout ensemble à Drusilla & au Gouvernement. Il ré-
gne en jouissant, & jouit en ré-
gnant. Il réforme les loix & les
coûtumes, éleve des temples,
soumet les rebelles de la Sclavonie & de la Pannonie; il remplit
tout l'Empire de sa seule personne.

Octavien, en enlevant une *M*
femme enceinte à son mari,
commet, comme particulier, un
double crime; mais le crime
d'un particulier n'est pas un crime de Prince. D'ailleurs plus un
Prince est grand, plus il a le
cœur vaste; un seul objet ne

peut point le remplir. Mais quoiqu'Auguste soit sensible aux attraits de Drusilla , il ne l'est pas
moins aux intérêts de l'Empereur. Un Prince qui a les foiblesses de l'amant , ne doit point
perdre de vûe les vertus du Prince. Nous voyons qu'Octavien se
comporte mal ; mais que l'Empereur gouverne bien. Princes ,
vous êtes hommes ! (Hé , comment ne le seriez-vous pas ?)
Ayez des foiblesses puisqu'elles
vous environnent ; mais soyez
prudens. Que les Rois , en vio-
lant les loix de la Religion & de
la Patrie , ne perdent pas de vûe
celles que le grand art de régner
prescrit. Pourvû qu'ils soient jus-

tes dans la diſtribution de la juſtice , vigilans dans l'adminiſtration des affaires , prudens & cou-
rageux dans la guerre , ils ſeront
grands Princes , quoique Princes
corrompus. Je donne Octavien
pour exemple. Voyons ſi en ſui-
vant Marc-Antoine , nous n'au-
rons pas lieu de le donner pour
un modéle oppoſé.

Cléopatre , amante adroite ,   *H*
accorde tout à Antoine , & lui
donne toujours à deſirer. C'eſt en
amour la politique par excellence. Par-là , plus Antoine jouit ,
plus il s'attache. De la violence
de cette paſſion naît ſon dégoût
pour Octavie. Il la répudie. Octavien irrité de l'affront fait à ſa

sœur, lui déclare la guerre. Cette répudiation lui ouvre le chemin à la domination universelle. Les deux armées se rencontrent près du Cap d'Actium, aujourd'hui Cap-Figolo. Les combattans s'obstinent. L'amour & l'ambition font durer le combat pendant dix heures. Cléopatre prend la fuite, & Marc-Antoine la suit en Egypte. Octavien les y poursuit. Marc-Antoine qui voit plusieurs de ses galeres passer du côté de l'ennemi, se croit trahi par Cléopatre. Il se tue. Octavien est vainqueur. Cléopatre craint la honte d'orner le triomphe d'Auguste. Elle imite son Amant.

Les foiblesses d'Antoine font *M*
les mêmes que celles d'Octavien. Mais les suites de leurs foiblesses ne sont-elles pas diffé-
rentes ? Et les vertus de ces deux
Princes se ressemblent-elles ? Antoine perd la moitié du monde
pour n'avoir pas sçu se partager entre les plaisirs & les pei-
nes du Gouvernement. Il oublie ses vertus dans les délices ,
& ses vertus l'y abandonnent.
Voyant tout dans son amante , il n'a plus d'yeux pour le
Gouvernement. Dès que Cléopatre prend la fuite , il ne se sou-
vient plus qu'il est à la tête d'une
armée. Aussi efféminé que sa
Maîtresse , il voit tout l'univers

en elle , & s'enfuit. Des foldats
aguéris rougiffent de fe voir
commandés par un homme qui
n'eft plus qu'une femme. Ils fe
rangent fous le commandement
d'Augufte , il eft abandonné du
plus grand nombre de fes vaif-
feaux. Regner eft le premier objet qui occupe l'efprit & le cœur
d'Octavien , Drufilla eft le fecond. Dans Antoine , la paffion
de dominer céde à la violence
de la paffion de regner fur le
cœur de Cléopatre. Octavien
commande à fon amour, l'amour
commande à Antoine. Celui-là
aime en Prince , celui-ci en particulier. Le premier regne en
aimant ; le fecond aime en efclave

clave, & perd par son amour le Trône & la vie.

Octavien, après cette vic- *H* toire, n'a plus rien à desirer. Maître de l'Empire Romain, il retourne à Rome pour triompher. Le peuple lui donne le titre d'Auguste, titre qui jusqu'ici n'a été donné qu'aux Dieux. Cette derniere expédition donne la paix au monde. Octavien ferme le Temple de Janus.

Les Patriciens applaudissent *M* au peuple, ils sont charmés de ce qu'il déifie Octavien : n'auroient-ils pas eux-mêmes inspiré cette idée? En recevant les ordres d'Octavien, comme Octavien, ils se voyent soumis à un

Prince qui eſt né leur égal dans la République ; mais la honte de leur ſervitude diſparoit dès qu'Auguſte eſt élevé à la Dignité des Dieux : par cette politique leur eſclavage n'eſt plus eſclavage, il eſt grandeur. Servir les hommes eſt la honte des hommes ; mais la gloire des hommes eſt de ſervir les Dieux.

H   Les Eſpagnols, les Bavarois, les Hongrois, les Tranſilvaniens, les Bulgares, les Serviens & les Dalmatiens ſe ſoulevent. Il marche en perſonne contre l'Eſpagne, il envoye ſes deux beaux Fils Tibere & Druſus, contre ce monde de peuples : Druſus eſt tué ; mais Tibere les range à leur devoir. Auguste dont le bonheur égale la prudence, rentre dans Rome victorieux; une paix universelle succéde aux troubles.

Nous voyons qu'Auguste a vaincu tout ce qui lui étoit supérieur dans la République, qu'il a triomphé de ses égaux. Brutus & Cassius sont obligés de se faire donner la mort par leurs esclaves. Sextus qui cherche un asile en Asie est condamné à la mort par Marc-Antoine. Lepidus n'est plus qu'un Prêtre condamné à prier les Dieux. Marc-Antoine se poignarde. Le seul Auguste est Maître de l'Univers.

Une fortune si constante est cependant traversée par les trou-

bles que suscitent plusieurs peuples qui veulent secouer le joug
d'un si grand Prince. Que fait
Auguste ? Se reposant sur ses
lauriers , se contentera-t'il d'en-
voyer des Généraux pour sou-
mettre les rébelles? Non : Auguste marche en personne , politique saine qui le met à couvert de
toute révolution. Il sçait qu'il a
acquis par la force la domination sur un peuple Républicain :
né égal du peuple qu'il commande , il craint que le Général ne
se fasse Prince dans un pays où
le peuple n'est point accoûtumé
à la soumission ; il craint que son
homme de confiance ne se rappelle qu'il est égal à celui à qui

il obéit, & que son ambition ne le porte à s'égaler à celui qui lui commande. Tout Prince nouvellement établi, doit-être soldat ; s'il n'est point soldat, ce soldat ne peut-il point devenir Prince ?

Auguste jouit pendant 14 ans *H* d'un repos qu'il a mérité par tant de travaux, & dont sa douceur & sa clémence le rendent digne ; envain on parle mal de lui, envain on prétend noyer dans une innondation d'écrits satyriques la tranquillité dont il jouit, sa célébrité acquise par tant d'exploits & par tant de vertus le mettent au-dessus des clameurs de l'envie : le nom des Auteurs n'a

pas même l'avantage d'appro-
cher du Trône : Octavien les méprise & veut les méprifer fans les
connoître. Il défend de pronon-
cer leur nom en fa préfence. Il
protége les Arts & les Lettres ;
fon regne devient par fes libéralités leur regne. Il amufe le peuple
par les fêtes, & les jeux : il éleve
des fomptueux édifices : voilà
l'agréable. Mais il s'attache à
établir un gouvernement heureux fur des nouvelles loix : c'eft
l'utile. Un flux de ventre termi-
ne une fi belle vie & un regne
fi heureux.

M Octavien déploye avec art fa
magnificence & fa générofité,
deux vertus, la félicité du peu-

ple, mais vertus ignorées dans le Gouvernement Républicain. Un peuple Républicain se voit avec patience dédommagé d'une indépendance imaginaire, par les libéralités du Prince qui l'a soumis.

Octavien n'ignore point qu'une puissance établie par la force, est une puissance chancelante, & qu'il faut lui donner des arcboutans. Par ses libéralités & sa magnificence il ôte au peuple comme avec la main le desir de l'ancien Gouvernement, en lui faisant sentir que la Monarchie lui est plus utile que la République, & qu'il vaut mieux obéir à un Prince généreux qu'à un

Sénat de tyrans. Ses libéralités font une démonstration triomphante.

Il ne daigne point se venger des écrits injurieux. Un Prince qui voit à ses pieds un million d'hommes, ne doit pas s'avilir jusqu'à se venger d'une poignée de rebelles qui l'attaquent sous le voile de l'anonimité. Si Auguste s'attache à ne point sçavoir leur nom, c'est par un effet de sa grandeur d'ame ; il craint malgré sa vertu les retours de l'humanité, & de descendre du Trône de l'Univers & de se confondre avec les hommes. Il veut éviter enfin l'humiliante nécessité de les punir

de les pardonner : les punir est
aiguiser les traits de la satyre :
les pardonner , est lui donner
des aîles.

CHAPITRE III.

TIBERE.

NOUS venons de voir dans Octavien, Prince aussi grand par la bonté & l'excellence de son cœur, que recommendable par la pénétration, le génie, & la connoissance parfaite qu'il a porté à la souveraine Puissance, que jamais Prince ne réunit mieux l'art de regner à l'art de commander.

Tibere va nous donner le spectacle d'un caractere bien différent. Si comme Octavien il a toutes les parties qui font un habile Prince, il n'a pas comme lui celles qui font le bon Prince.

La diſſimulation de Tibere n'eſt pas ſeulement cette diſſimulation, qui par une fatalité déſolante eſt eſſentielle à l'art de regner ; elle doit avoir plus d'étendue : il faut d'abord gouverner ; il faut enſuite ne pas laiſſer pénétrer ſon caractere odieux. Tibere fournit pendant quelque tems à ces deux objets principaux ; mais bientôt la chaleur de ſes paſſions deſſéchera le vernis dont il ſe couvre, & le grand Prince ne pourra plus cacher le mauvais Prince.

Dès que Tibere apprend la *H*

mort d'Octavien, il prie sa mere de tenir cette mort cachée jus-qu'à ce qu'il ait fait assassiner Agrippa Posthume, fils de Julie sa femme qu'il détestoit avant, mais qu'il méprise depuis la mort d'Auguste. Déja il n'a plus de commerce avec elle ; il lui défend même de se présenter devant lui.

M La vie d'Agrippa rendroit Tibere usurpateur. Tôt ou tard Agrippa rentreroit dans ses droits : il faut donc qu'Agrippa meure ; afin que Tibere regne. Si Julie s'étoit comportée avec décence, son mari seroit Empe-reur, il est vrai, mais non pas Tibere. Tibere fait donc assassi-

ner Agrippa & méprife Julie;
afin que le peuple apprenne que
Tibere n'eſt Empereur , que
parce qu'il eſt Tibere.

Lorſqu'on veut ſe mettre en
poſſeſſion d'une puiſſance uſur-
pée , on doit pour ſa ſûreté af-
fecter de ne la tenir que du peuple , & non du prédéceſſeur; ce
phantôme de pouvoir que l'on
lui abandonne pour une puiſſance réelle flatte ſa vanité , &
l'étourdit. Il croit recouvrer ſa
liberté , lors même qu'il reſſerre
ſes chaînes. Faire des Rois, c'eſt
être plus que Roi : mais ſi le peuple penſant ſe donner un Pere ,
ſe donne un Tyran , cette préé-
minence eſt-elle plus que mo-
mentanée? Iiij

11   Le Sénat effrayé de la mort d'Agrippa, prie Tibere d'accepter l'Empire ; mais Tibere feint de le refuser.

M   Tibere pour être Empereur, fait assassiner Agrippa;cependant il refuse la suprême puissance lorsque le Sénat le prie de l'accepter. Quelles peuvent-être les vûes d'un Prince par un refus si inconséquent ? Ne seroit-ce point que Tibere veut avant que de monter sur le Trône, être assuré de ne point en descendre ? S'il se fait prier pour accepter l'Empire, c'est pour apprendre au Peuple Romain que c'est du Sénat & non d'Auguste, qu'il tient le pouvoir souverain. Par ce refus simulé il ôte aux parens d'Auguste tout sujet de jalousie, & anéantit leurs prétentions ; peut-être même (& la conduite de Tibere justifiera nos conjectures,) veut-il par ce refus se conserver le tems de découvrir par lui-même ceux qui souhaitent ou qui voyent avec impatience son élevation : à ce trait on doit connoître le grand Prince. La premiere science d'un Roi est de connoître ses Sujets ; la grande science des Sujets consiste à flatter leur Prince : de ces deux sources coulent la tranquillité des Souverains, & la félicité des peuples.

Tibere commence son regne

par un coup d'Etat hardi; il ordonne que le Tribun qu'il a chargé de tuer Agrippa, comparoisse
au Sénat, afin qu'il dépose que
c'est d'Auguste, & non de lui,
qu'il a reçu l'ordre de commettre
ce meurtre.

M Par ce chef-d'œuvre de la politique la plus hardie & la plus
sensée, Tibere se montre aussi
dépendant du Senat qu'un Citoyen, quoiqu'en effet il exerce toute la Puissance d'un Roi; il
se concilie la bienveillance de ce
Corps auguste; le Senat croit
voir renaître dans cet acte de
soumission, son autorité premiere: si Tibere d'ailleurs ne charge point la mémoire de son pré-

déceſſeur, le ſouvenir de ſon regne heureux peut aigrir les eſprits contre le regne de Tibere. Il faut que Tibere l'efface, ou du moins qu'il le faſſe oublier. Il l'attaque par l'imputation d'un crime, dont il eſt ſeul coupable & dont il tire ſeul tous les avantages. Il accuſe un mort; & les morts ſont ſans réplique. Si Tibere n'ignore point que le Trône vaut bien un crime, il ſçait auſſi que le crime eſt indigne du Trône. S'il le commet pour regner, il ne veut pas paroître lui devoir la puiſſance ſuprême; il ſe donne bien de garde de protéger l'exécuteur de ſes ordres impies; quoiqu'il doive l'Empire à l'exécution. Princes, si vous recueillez les fruits de la trahison, gardez-vous de ménager le traitre. C'est un témoin perfide, dont il faut étouffer la voix.

Courtisans, que cette leçon vous éclaire : si comme le Tribun vous n'avez pas assez de force pour résister aux ordres qui font rougir les Princes, ayez du moins assez de prudence pour craindre la reconnoissance des Tiberes ; ignorez-vous que la crainte est la vertu des lâches ?

H   L'armée du Rhin n'a pas plûtôt appris l'élevation de Tibere, que les Légions se révoltent ; elles choisissent pour Empereur

Germanicus leur Général, ne-
veu & fils adoptif de Tibere;
mais Germanicus préfére la gloire d'être Sujet fidele à celle d'être
Empereur ufurpateur. Il refufe
l'offre de l'armée, ramene les
efprits, appaife la fédition, &
foumet les troupes aux ordres
de Tibere.

La générofité de Germanicus *M*
eft fuivant les loix de l'amitié;
mais elle heurte les premiers
élémens de la politique des
Princes. Il fçait que Tibere n'eft
parvenu au Trône que par le
crime, & ne doit point ignorer
que le crime heureux ne reconnoît point de bornes. Le droit
de Tibere à l'Empire, n'eft pas

plus poſitif que celui de Germanicus. Germanicus trahit donc ſes intérêts & ceux de la Patrie, en tranſportant ſur la tête de Tibere, la donation que l'armée lui fait du pouvoir ſouverain.

Germanicus ne peut point douter qu'il n'ait bien des qualités d'un Prince ; ſon amour propre doit néceſſairement tranſpirer à-travers ſa modeſtie. Il eſt permis quelquefois de ſe rendre juſtice ſur ſes qualités ; puiſqu'il eſt ordonné de ſe la rendre toujours ſur ſes défauts. Si Germanicus refuſe le Trône par défiance de lui-même ; c'eſt foibleſſe. Sa ſincerité, ſa fidelité ſont des maladies dont la cure appartient à l'air du Trône.

De quelles vertus doit-on ef-
pérer de fentir les effets pendant
un regne établi fur un affaffinat ?
Cependant Germanicus n'ignore point que celui de Tibere
commence par le meurtre de fon
Beau-fils. La fidelité qu'il garde
à Tibere n'eft-elle pas une infidelité à la Patrie ? Ne feroit-il
pas plus glorieux d'être fidéle à
Rome que d'être fidéle au Tyran ?

Tibere eft allarmé de la grande autorité de Germanicus, il
l'eft encore plus de fes vertus
éminentes. Il ne s'occupe plus
que des moyens de le facrifier
à fon ambition, & c'eft la ré-
compenfe qu'il médite pour le

sacrifice que Germanicus lui a fait.

M   Les grandes vertus allarment les grands crimes ; leur préfence irrite les remords. Un guerrier généreux peut bien pour fubfifter, fervir un Tyran. C'eft une néceffité, & la néceffité ne reconnoît point de loi ; mais obliger un Tyran eft une générofité non-feulement imprudente, mais encore vicieufe. C'eft donner des forces & des ailes à la tyrannie. Les bienfaits portent avec eux l'empreinte d'une fupériorité, que les Tyrans toujours troublés par la crainte & les allarmes, ne voyent qu'avec envie.

H   Pendant que Germanicus eft

occupé à contenir la bonne vo-
lonté de l'armée qu'il commande, un Officier appellé Porcennius, souleve les Légions de la
Pannonie contre Blesus leur Général. Elles lui demandent de
l'argent & des exemptions qu'il
ne peut leur accorder. Tibere
envoye son fils Drusus qui éteint
la révolte dans le sang de
Porcennius.

Le trouble qu'appaise Germanicus n'est qu'une sédition : celui que Drusus arrête est une
révolte ; le premier est une bles-
sure que l'on guérit avec l'onc-
tuosité des onguents, comme
fait Germanicus en refusant
l'Empire ; le dernier est une

M

gangrêne, où il faut appliquer le fer & le feu : c'est ce que fait Drusus en condamnant à mort Porcennius ; celui-là en veut au Prince , celui-ci attaque l'Etat.

H   Je remarque que Tibere dans le commencement de son regne affecte un extérieur modeste , doux, pieux, & juste, autant de rolles qui contrastent avec son caractere ; c'est l'enveloppe de ses passions infames ; on verra à - travers cette belle écorce la corruption du cœur. Il laisse tant d'autorité au Sénat, que la République semble avoir recouvré sa premiere splendeur.

M   La conduite que tient Tibere, prouve que la dissimulation rend les

les Rois efclaves de leurs Sujets,
& qu'étant inséparable d'un bon
Gouvernement, Tibere auroit
traversé fa fortune s'il s'étoit
emparé de toute l'autorité. La
faine politique prefcrit aux Princes de fe ménager un médiateur
entr'eux & le peuple : autrement, c'eft vifer à fa perte en
vifant au defpotifme, dont le
vice confifte à laiffer une diftan-
ce trop confidérable entre le
peuple & le Trône; à ne pas
ménager un canal qui conduife
les plaintes & les gémiffemens
aux pieds du Monarque, & qui
entretienne la communication
du peuple avec le Souverain.
Tibere en laiffant au Sénat un

I. Partie   K

certain extérieur d'autorité , se fait des arcboutans dont il étaye son pouvoir ; & bientôt cette branche de puissance qu'il lui abandonne deviendra le tronc de la sienne. Ce trait de dissimulation le rend esclave , il est vrai ; mais les Rois rougissent-ils d'une telle servitude ? Tibere sent tout le poids de la gêne où il vit : la violence qu'il se fait est un souverain topique. Il veut parvenir à ce dégré de domination , où le vice & le crime , armés du Sceptre , peuvent tout ce qu'ils veulent , & veulent tout ce qu'ils peuvent.... Mieux la mine est couverte , plus elle produit d'effets : il y a sur un point , un rapport bien sensible entre l'homme & la Divinité ; l'un & l'autre sont incompréhensibles ; la Divinité par l'étendue de ses perfections ; l'homme par l'étendue de sa méchanceté.

A mesure que l'autorité de Tibere s'affermit, Tibere devient transparent, on voit ses penchans sortir de leur enveloppe. Il ne se borne plus aux traitemens indécens qu'il faisoit à Julie sa Femme ; du mépris il passe à la cruauté ; il la fait mourir de faim.

Julie pendant la vie d'Octavien se regardoit comme fort supérieure à Tibere ; elle le méprisoit, & poussoit ce mépris

jufqu'à fe rendre elle-même mé-
prifable. Elle fe livrroit à des
amours illégitimes , & fe faifoit
une gloire de la honte de fon
mari. Tibere , moins amant qu'-
ambitieux , facrifioit fa répu-
gnance à fa fortune. S'il acca-
bloit fa femme de prévenances ,
ce n'étoit que pour l'accabler
de fon indignation. Il ne fe voit
pas plûtôt établi fur le Trône
qu'il fe vange de Julie , par une
faim qui la fait mourir. Rien
n'eft plus dangereux qu'un mari
offenfé dans l'impuiffance, & qui
fe tait jufqu'au moment du pouvoir.

La grande réputation de Germanicus eft un poids qui acca-

ble l'autorité de Tibere. Les
grandes vertus du Sujet allarment les passions infames du
Prince. Plus Germanicus annon-
ce de conquêtes , plus Tibere
sent que son autorité se retrécit ,
& plus Germanicus s'approche
du glaive de la jalousie. Tibere
le rappelle à Rome pour lui faire
recevoir les honneurs du triomphe ; il le loue en présence du
Sénat & du peuple.

L'objet de Tibere , n'est pas
de faire triompher Germanicus ,
mais de lui faire quitter l'armée
de la Germanie. S'il fait en présence du Sénat & du peuple
l'apologie de Germanicus , ce
n'est pas pour rendre justice à son

mérite (cette vertu n'est point à la portée des Tyrans) c'est pour cacher la haine qu'il a contre lui ; il dore l'acier qu'il veut plonger dans son sein.

Un Général qui sçait unir à la prudence & à l'intrépidité du Général , l'art de se faire aimer du soldat , est un Général suspect au Tyran. Celui-ci n'est fait que pour détester les vertus. S'il affecte quelquefois de les récompenser, ce n'est que pour les frapper avec plus de certitude. Le moment où Germanicus reçoit des honneurs , est celui où la haine de Tibere commence. Sujets , gardez-vous bien d'être plus méritans que vos Maîtres. Votre ruine date de l'inſtant que votre ſupériorité perce : c'eſt ſe rendre criminel envers les Grands que de leur rendre des trop grands ſervices. Leur orgueil eſt le termometre de leur reconnoiſſance ; ils ſe vengent de l'impuiſſance où on les met de récompenſer.

On apprend à Rome qu'Artaban, Roi des Parthes, eſt entré dans l'Arménie, Province de l'Empire. Tibere fait marcher Germanicus, qui repouſſe Artaban, & le réduit à demander la paix. Dans le même tems, les Rois de Comagene & de la Cappadoce meurent. Germanicus fait de ces deux Royaumes deux Provinces de l'Empire. Il en fait

Gouverneurs Quintus-Servius & Quintus-Veranius. Plus Germanicus fait de bien à Tibere, plus la jalousie de Tibere s'enflamme. L'éclat de tant de vertus obscurcit la gloire de l'Empereur. Il ne l'assassine point, mais le fait èmpoisonner par Cneus-Pison, Gouverneur de la Syrie.

M   Si Tibere avoit été conséquent dans sa politique, il ne se chargeroit point aujourd'hui d'un nouveau crime : en rappellant Germanicus, il n'auroit été qu'ingrat ; mais en l'employant il devient assassin. Car si sa politique paroît cruelle, on ne peut nier qu'elle est nécessaire, & cette nécessité qui l'entraîne au crime, prouve

prouve combien il eſt important à un Monarque de ne point confier le commandement de ſes armées à un Général que les droits du ſang appellent au Trône. S'il fait des fautes , on ne peut le punir. S'il réuſſit, comment le récompenſer ? Princes , ne confiez vos forces qu'à des Sujets que la punition retient, & que la récompenſe encourage.

Cneus – Piſon eſt accuſé d'avoir empoiſonné Germanicus. Il ſe rend à Rome pour rendre compte de ſa conduite au Sénat. On va dans ſa maiſon , on le trouve mort. On ne ſçait ſi ſa main , ou une main étrangere , a fait ce meurtre.

I. Partie.   **L**

M   Que Pison se soit tué lui-même , ou qu'il ait été assassiné,
n'est-ce pas toujours Tibere qui
l'a tué ? S'il s'est tué lui-même ,
c'est de désespoir de se voir abandonné de l'auteur de son crime ;
& s'il a été assassiné , quel autre
que Tibere peut avoir conduit
la main qui a commis le meurtre?
Il a voulu , par cette mort , en-
sevelir la connoissance des ordres qu'il a donnés. La bonne
politique des Grands consiste à
profiter du crime , non à le protéger ; à se servir des traîtres, non
à s'y fier. Les méchans sont dans
les mains d'un Monarque éclairé,
ce que sont les poisons dans les
mains d'un Médecin habile.

Tibere, toujours fidéle à son plan, n'écoute point, ou s'il les écoute, méprise les plaintes que les Provinces portent continuel- lement contre les injustices & les vexations de leurs Gouverneurs. Loin de les punir, il les récom- pense ; il les déclare Gouver- neurs perpétuels.

Si Tibere se comportoit au- trement, le systême de Gouver- nement qu'il a adopté, tombe- roit & l'entraîneroit avec lui. Ce systême est injuste, il est vrai; mais la nécessité le rend juste. Dans une nouvelle Monarchie, l'usurpateur doit bien plus s'at- tacher à plier ses nouveaux Su- jets à la soumission, que les Gou-

L ij

verneurs à la justice. Si Tibere ferme l'oreille aux plaintes dont on l'accable contre les Gouverneurs, c'est pour ne pas les entendre un jour contre lui-même. Il veut accoutumer ses Sujets à la patience, & leur prouver qu'il ne leur convient point d'éclairer les actions de leurs Supérieurs, que remédier aux abus qui se glissent dans le Gouvernement, est le droit inséparable & le plus précieux du Trône, que toute connoissance doit en être interdite au peuple. Ainsi Tibere, en protégeant les Gouverneurs, partage avec eux les fruits de la tyrannie. Il se fait des amis que l'intérêt particulier attache aux intérêts du Prince. Si Tibere les punit, il cesse d'être Tyran, mais aussi il cesse de regner, parce que les coupables deviendront ses délateurs. Alors Tibere isolé sur le Trône, tombera nécessairement; de-là ne pourroit point conclure qu'un Tyran qui veut être juste est un Prince inconséquent?

Le débordement du Tibre ravage une grande partie de Rome. Asinius-Gallus prétend qu'il faut consulter les Livres des Sybilles, pour voir si l'on n'y trouvera point quelque trace d'un semblable événement. Tibere est d'un sentiment opposé, il défend expressément d'ouvrir ces Livres sacrés.

L iij

'M   Cette défenſe eſt - elle l'effet
d'un reſpect religieux , ou bien
eſt-elle le fruit de la politique
d'un Tyran ? Mais l'unique & la
plus ſolide religion des Tyrans ,
eſt de n'en avoir point. Pour
reſpecter ce que l'on ne voit pas ,
il faut le croire ; & comment le
Tyran qui ne croit rien , reſpec-
tera-t'il ce qu'il ne voit point ?
Tibere , en défendant par autorité l'ouverture des Livres ſa-
crés , remplit deux objets impor-
tans ; il ſçait que les Myſteres religieux reſſemblent à ces lampes
perpétuelles qu'on enſevelit avec
les morts , qui brûlent & ſe ſou-
tiennent tandis qu'elles ſont ren-
fermées , mais qui s'éteignent

dès qu'elles sont frappées du grand air. Si l'on met au grand jour les Oracles renfermés dans les Livres des Sybilles, ils perdront leur vertu ; & le respect qu'on a pour eux disparoîtra. Le Peuple ne révére que ce qu'il ne connoît point. Lors donc que Tibere en défend l'ouverture, il étend sa puissance jusques sur le culte des Dieux ; & c'est un des principaux fleurons de la Couronne.

Il ne s'aveugle point sur lui-même, il connoît la noirceur de son caractere & ses passions infâmes: lorsque, sous l'apparence d'un respect religieux, il ne veut point qu'on ouvre ses Livres, il

craint que les Prêtres, jaloux de
fon autorité, ne faffent parler les
Oracles contre lui, qu'ils n'at-
tribuent à fes crimes les malheurs
dont Rome eft affligée, & que
le Peuple enfin, toujours difpofé
au fanatifme, ne facrifie le Souverain au falut des fujets.

H   Quelques Sénateurs & quelques Courtifans, ennemis de Tibere, engagent un efclave à profiter de fa reffemblance avec A-
grippa, & de fe faire paffer pour
ce Prince. Tibere le fait venir
devant lui : Comment, lui dit-il,
es-tu devenu Agrippa ? De la
même maniere, répond le faux
Agrippa, que tu es devenu Empereur. Tibere le fait tuer & en-

terrer secrettement. Il ne permet point d'informations contre
les complices.

Punir publiquement l'impos- M
teur, ce seroit imprudence. Par
une punition publique Tibere ris-
queroit de trouver sa perte dans
une conduite si peu ménagée ; il
réveilleroit dans le Peuple la mémoire du véritable Agrippa. Ce
souvenir irriteroit dans Rome l'a-
mour de l'ancienne liberté; Rome
s'armeroit contre son Souverain,
& la mortd'un simple esclave entraîneroit la chûte d'un Empereur. L'esclave doit donc mourir,
de peur qu'Agrippa ne revive ; il
doit mourir secrettement, afin
que Tibere regne en sûreté. Ti-

suit donc les régles d'une politique fondée , lorsqu'il favorise les
complices de l'impunité. Il est
évident que la sûreté de Tibere
est attachée à l'impunité des
complices.

H   Tibere aime mieux terminer
par la voye de la négociation
que par la voye des armes , les
différends que les Puissances
voisines lui suscitent.

M   Lorsqu'un Prince a le bonheur
de conquérir un Pays par la voye
des armes , il en a tout le profit , il est vrai ; mais le Général
& ses troupes en ont toute la
gloire. Cependant dans les Princes tout doit viser à la gloire ,
c'est la gaze dont ils doivent voi-

ler leur intérêt. Lorsqu'au contraire un Prince unit par un Traité un Pays à son domaine, il
jouit en entier du premier avantage, sans partager le dernier;
parce que ce n'est que sous l'autorité du Prince qu'on peut entrer en négociation & couclure.
Dans le premier cas, le Prince
regne, & le Général commande;
dans le dernier, le Prince commande & regne.

Silanus Gouverneur de l'Asie, *H*
est accusé de cruauté & de con-
cussion. Dolabella prie Tibere
de le punir. L'Empereur répond
qu'il est informé de la mauvaise
réputation qui a suivi Silanus
en Asie; mais que l'on ne doit

pas s'en rapporter aux discours du peuple ; puisqu'on avoit vû des mauvais Citoyens devenir bons Gouverneurs.

M Dolabella accuse Silanus, & Tibere se justifie. Si Dolabella a dessein, dans cette accusation, d'accuser l'Empereur, l'accusation est adroite, parce qu'en accusant Silanus, le trait, quoique obliquement lancé, atteint son but. Car n'est-ce pas Tibere qui choisi Silanus pour Gouverneur ? Et Tibere ne se conduit-il pas avec toute la sagesse (*j'*entens parler de la sagesse des Princes) en se déclarant protecteur de son Ministre ? Si Silanus est abandonné de Tibere, toute la honte du protégé tombe fur le protecteur; parce que fi le Prince étoit éclairé dans fes choix, il ne confieroit point fon autorité à des hommes méchans; & c'eft ici l'objet principal qui occupe Tibere. Il répond d'abord qu'un mauvais Citoyen peut devenir excellent Gouverneur; ce fubterfuge eft la fauve-garde de la gloire de l'Empereur. On ne voit donc plus, dans l'accufation formée contre Silanus, que les fautes de Silanus & celles du Prince difparoiffent. Sujets, n'ayez jamais vos Princes pour complices; l'utilité du crime eft pour eux, & pour vous feuls la honte.

Drufus fils de Tibere, tom-

H

be dangereusement malade. Tibere, malgré cet accident, se rend au Sénat comme à l'ordinaire. Drusus meurt, & Tibere vaque également aux affaires publiques, même pendant les préparatifs des funérailles. Il voit les Sénateurs affligés, il les console.

M Quelle horrible dissimulation ne voit-on pas dans les Cours des Princes? Drusus meurt empoisonné par son épouse Livia, que Séjan, favori de Tibere, a séduite pour se frayer par l'ingratitude la plus noire, une route au Trône. Le Sénat, qui voit avec joye éteindre la postérité de Tibere, feint d'être affligé de la mort de Drusus, tandis qu'il desire voir

Germanicus fuccéder à Tibere.
Tibere lui-même féduit par les
apparences de la fauffe affliction
des uns & des autres, victime de
fa fauffe fermeté, met tous fes
foins à confoler les meurtriers
de fon fils, & ceux qui foupi-
rent après Germanicus. A fui-
vre exactement cet odieux affaut
de diffimulation, je trouve qu'autant la conduite de Séjan & de
Livie eft criminelle, autant celle
du Sénat eft prudente. S'il n'aime
pas Tibere, du moins il refpecte
le Prince. La fermeté de Tibere
tient de l'étonnant ; car, quoique Tyran, il eft pere ; il peut
avoir des entrailles ; pleurer
un fils, eft de l'humanité. Mais

si Tibere, par grandeur d'ame, sacrifioit le tendre nom de pere de Drusus, au nom glorieux de Pere de la Patrie, ne seroit-il pas plutôt le Dieu que le Roi de ses Sujets?

M Tibere sensible au plaisir de regner (& regner n'est en effet autre chose qu'être tout entier au Gouvernement) n'en goûte point d'autre que celui d'administrer les affaires de l'Empire. Content de sa domination, il n'ambitionne point d'étendre par les armes les limites de l'Empire. Des occasions fréquentes & avantageuses de faire la guerre se présentent, il préfére les charmes de la paix. Son cœur est rempli.

C'est

C'eſt ici que Tibere doit être M
donné pour modéle. Le Prince
qui n'eſt pas ſoldat (& nous n'a-
vons pas vû que Tibere le fût)
perd autant de ſon autorité, que
les armées dont il confie le commandement, ſont puiſſantes. Tibere n'ignore point que la paix
tient leSujet dans la dépendance
du Prince ; que la guerre , au
contraire , rend le Prince dépendant du Sujet. Un Prince qui
deſire étendre ſa domination ,
doit faire la guerre : mais ſon
pouvoir a-t'il de la conſiſtance?
Celui , au contraire , qui veut
jouir de ce qu'il poſſéde , doit
ſe fixer à la paix. Pendant la
paix les Loix ſont en vigueur ;

I. Partie.   M

& n'est-ce pas par les Loix que les Princes regnent? La licence de la guerre au contraire, traverse l'observation des Loix, & le contre-coup de la chûte des Loix n'ébranle-t'il pas l'autorité du Prince?

H Un certain Cremusius-Cordus loue, dans ses Ouvrages, Brutus & Crassus conjurés contre César; il les appelle les derniers Romains. Tibere le condamne à la mort. Ennius est accusé d'avoir changé en vaiselle une statue d'argent de Tibere. Tibere défend de procéder contre lui; il ne s'en venge point.

M Pourquoi Cremusius est-il condamné à mort? Pourquoi

Ennius ne l'eſt-il point ? Parce qu'Ennius péche contre Tibere, & que Cremuſius péche contre le Prince. Tibere ne ſort jamais de ſon caractere dominant , la diſſimulation eſt l'ame de ſa po-litique. Il ne fait d'autre priere aux Dieux que celle qu'on lit dans Horace. Il paroît qu'il eſt exaucé :

Da fallere , da ſanctum juſtumque videri ;
Noctem peccatis & fraudibus objice nubem.

Tibere , en pardonnant à En-nius , ſe montre Tibere qui par-donne. En puniſſant au contrai-re Cremuſius , il fait voir une paſſion de Prince. Ennius , par ſon action , ne fait qu'effacer l'ef-figie de Tibere ; les Ecrits de Cremuſius ne tendent à rien

moins qu'à effacer l'original.
Regretter des Romains tels que
Brutus & Crassus, n'est-ce pas
les desirer ? N'est-ce pas inspirer
aux Romains l'amour de la liberté, & les exhorter à un parri-
cide ? L'art de trouver un nouveau Brutus consiste à louer l'ancien, & le moyen de se défaire
de Tibere, est de blâmer César.

H   Tibere aveuglé sur la conduite de Séjan, le maintient
dans sa faveur, & le couvre de
sa protection contre toutes les
plaintes que l'on fait contre lui.

M   Si Séjan se borne toujours
aux concussions, nous le ver-
rons toujours affermi dans le mi-
nistere ; parce que Tibere craint
les Grands de Rome, & que la

vraie politique d'un Tyran exige qu'il perpétue ses Ministres, pour ôter aux Grands la connoissance des affaires. D'ailleurs Séjan est rempli. Si Tibere transporte sur un autre sa confiance, il introduit une nouvelle sangsue qu'il faudra remplir encore, & le remede deviendra pire que le mal. Il en est du Gouvernement comme des maisons particulieres : plus on y renouvelle le domestique, plus leur ruine est prochaine.

Sextus-Marius, particulier le plus riche d'Espagne, est accusé d'inceste ; Tibere le condamne à être précipité du haut du Capitole, & confisque toutes ses mines à son profit.

M   Eſt-ce la vertu de Tibere qui le porte à punir le crime de Sextus ? Les mines de celui-ci ne ſont-elles pas ſon crime , & non pas l'inceſte ? Si l'inceſte eſt ſon crime , il eſt certain que ſes mines le condamnent à la mort. Rarement le Prince ſouffre-t'il dans un Sujet l'opulence d'un Prince. Ne ſeroit-ce point dans cette vûe que la Loi ordonne que les tréſors , en quelque lieu qu'ils ſoient cachés , appartiennent au Prince ; afin que le Propriétaire du fonds ne court pas les riſques de toute ſa fortune par une trop grande opulence. Sommes-nous pauvres ? le Prince ne nous connoît pas , à peine nous ſoupçonne-t'il. Sommes-nous opulens ? il nous sçait par cœur. Pourquoi ? Parce que l'art d'un Ministre méchant est d'appeller les richesses au centre, & de pousser la pauvreté vers la circonférence.

Mais comme l'ambition de *H* Séjan ne se borne point à ses trésors, Tibere ouvre enfin les yeux ; les plaintes arrivent aux pieds du Trône ; le Prince les écoute ; la faveur fait place à la justice ; l'énormité des crimes du Favori est découverte. Séjan est condamné à mort avec ses Partisans.

Séjan a conseillé plusieurs *M* cruautés à Tibere pour le rendre odieux. Mais quel étoit son

objet en soufflant dans le cœur
du Prince de semblables hor-
reurs ? Séjan visoit au Trône, il
vouloit d'abord rendre Tibere
odieux au Peuple, & fomenter
une révolution, dont il auroit tiré
un parti avantageux. Tibere, aussi
adroit, mais plus puissant que
lui, l'a pénétré, & le charge de
toute la haine de Rome. Il le
condamne au supplice, & le
rend responsable de tous les crimes qu'il a faits, & de tous ceux
qu'il a conseillés. Tout Prince
peut être trompé. Il ne recule
point lorsqu'il connoît son erreur, & qu'il la punit dans celui
qui a abusé de sa confiance. Se
tromper est d'un homme, reconnoître

noître son erreur est d'un Prince, & d'un grand Prince. Rome
en effet ne voit plus dans Séjan
qu'un scélérat puni , & dans Tibere qu'un Prince qui vange Rome. Si l'orgueil d'un Favori peut
être l'écueil de sa fortune, il peut
l'être aussi de la puissance du
Prince.

Tibere tombe malade dans
une de ses maisons de campagne
près de Naples. Sa maladie paroît d'abord dangereuse ; mais
quelque tems après on espere.
Caligula son héritier le tue, suivant quelques-uns il l'a empoisonné ; suivant les autres il l'a
étouffé dans un lit de plume :
mais n'importe de quelle ma-

niere il le fait mourir à la soixante & dix-huitiéme année de son âge, & à la vingt-troisiéme de son regne.

M Il est étonnant que Tibere ne connoisse pas assez les passions des hommes, pour sçavoir qu'un Héritier est l'ennemi le plus dangereux de quiconque a des gros biens. Tibere âgé de soixante & dix-huit ans, tombe malade. Il manque donc contre sa sûreté, en laissant espérer un prompt rétablissement ; au lieu qu'une langueur affectée auroit soutenu, mais n'auroit point précipité les desirs de Caligula ; peut-être auroit-il attendu que la nature lui eût sauvé un crime.

CHAPITRE IV.

CALIGULA.

NOUS venons de voir succéder à Auguste, un Prince méchant de propos déliberé. Tibere dont la dissimulation étoit impénétrable, & dont le cœur étoit aussi sourd à la voix de l'humanité, qu'attentif à celle de l'ambition, commença son regne par une fausse modestie, & le finit par une cruauté affreuse. S'il refusa le titre de Pere, ce ne fut sans doute que parce qu'il sentit dans son cœur tous les germes de la tyrannie qu'une odieuſe ambition ne laiſſoit point tranf-pirer, & qui ne devoient éclore que lorſque ſon autorité & ſa puiſſance ſeroient ſolidement établies. Rome paya cher cette gêne, dont Tibere ſignala le commencement de ſon regne, & la joye qu'elle fit éclater à ſon avénement à la couronne, s'é-teignit dans le ſang des plus il-luſtres Romains ; dès que ce Prince pût donner l'eſſor à ſes penchants odieux, ſans riſquer l'autorité ſuprême.

Caligula, dont nous obſerve-rons la conduite, auſſi ſage dans ſon commencement, mais plus malheureux qu'Auguſte dans ſa

fin , nous fournira des exemples
de méchancetés,plus affreux que
ceux qui nous ont étonnés dans
Tibere , mais plus dignes de
compassion que de blâme.

S'il monte sur le Trône par un
crime , son regne commence
par la justice. Si l'on ne peut le
comparer à Octavien , ce n'est
pas que l'on ne voye dans le
commencement de son Gouvernement autant de libéralité , de
justice, & même de paternité que
dans celui d'Auguste ; mais c'est
la crainte où se trouve Cœsonia,
d'être répudiée , qui par un filtre
l'écarte de ses excellens principes, & le fait regarder comme un
monstre. Si Caligula a sacrifié
N iij

Tibere à son amour de regner, Auguste n'a-t'il pas sacrifié la vengeance de César à son ambition ; & , selon la façon de penser des Romains, ne sont-ils pas tous deux également coupables ? Ne pas venger la mort de son oncle, n'est-ce pas en quelque façon s'en déclarer complice, & le complice d'un crime n'est-il pas aussi coupable que le criminel ? Si nous paroissons plaindre Caligula malgré tous les auteurs qui semblent vouloir le rendre odieux, les traits d'histoire que nous mettrons sous les yeux du lecteur, justifieront cette hardiesse.

H   Caligula devenu Empereur, fait des grandes largesses au peu-

ple Romain, & donne des feftins magnifiques aux Sénateurs
& aux Chevaliers.

Le fucceffeur d'un Tyran *M*
peut-il ne pas craindre, en héri-
tant le Trône, d'hériter auffi la
haine qu'on a contre fon prédé-
ceffeur ? Caligula fent combien
il lui eft avantageux, & même
néceffaire de commencer fon
regne par la bienveillance des
Romains. Dans les feftins qu'il
donne à la Nobleffe, il fe montre plus Citoyen que Prince.
Par les largeffes qu'il fait au peuple, il fe montre plus Prince
que Citoyen. Donner eft d'un
Prince ; recevoir eft d'un Sujet.
Il cache fa grandeur parmi les

Patriciens, & c'est en la cachant qu'il la soutient. Il la soutient dans l'esprit du peuple en la déployant ; parce que le peuple prend pour véritable grandeur, ce qui n'en est que l'écorce.

H   Caligula pour établir mieux son autorité, rétablit les Ordonnances d'Auguste que Tibere avoit abolies.

M   Lorsque Caligula condamne la conduite de Tibere, & fait revivre celle d'Auguste, il se rend agréable aux Romains, se concilie leur bienveillance, & établit son autorité. Le premier faisoit le bonheur des Romains ; le dernier en étoit le fleau. Un Prince n'est jamais plus Prince, que lorsqu'il sçait lâcher ou serrer à propos les rênes du Gouvernement : qu'importe en effet au Prince de faire de Loix, ou de confirmer celles qui sont déja faites ? N'est-il pas dans l'un ou dans l'autre cas également Prince ? Le poids d'autorité nécessaire à l'exécution des Loix anciennes, n'est-il pas égal à celui de l'autorité nécessaire à l'établissement de nouvelles Loix ? N'est-ce pas par une conséquence également nécessaire, également regner dans l'un ou dans l'autre cas ?

Je dis plus : lorsque Caligula confirme les Loix d'Auguste, & qu'il abolit celles de Tibere, il regne sur ses deux prédécesseurs.

Les Loix en effet n'ont de force que lorsqu'elles sont appuyées
du sceptre, & leur servir d'appui, n'est-ce pas regner sur ceux
qui les ont établies? Ainsi Rome
admiratrice de Caligula, & sensible à l'amour qu'elle croit voir
en lui pour Rome, aime Caligula, & ce Prince qui se fait
chérir de Rome, jouit du plaisir, & de la gloire de commander
aux Romains.

H   Caligula signale aussi le commencement de son regne par des
fêtes, des comédies, des chas-
ses, des jeux, & par toute sorte
de divertissemens.

M   Rome tremblante des cruautés de Tibere, étoit livrée aux

frayeurs. Le sombre du caractere
de ce Prince étoit passé dans le
cœur de tous les Romains , on
n'entendoit que sanglots & gé-
missemens ; il n'étoit question
dans les assemblées particulieres
que des cruautés de l'Empereur ,
chacun trembloit pour soi. Rome
contenue par la crainte , peut à
peine faire éclater les transports
de joye qu'elle doit à la déli-
vrance d'un Tyran. Si cette
crainte plait à Caligula , il doit
être aussi attentif au Gouvernement que Tibere ; mais comme
Tibere , il joindra au titre glorieux d'Empereur , le titre hu-
miliant d'esclave. Il aime mieux
jouir en gouvernant , que gou-

verner par la sévérité, de peur d'être troublé par la défiance. Pour jouir tranquillement, il fait jouir le peuple. Il n'est point de jour qu'il ne présente aux Romains quelque nouveauté amusante. Rome par les tendres soins de Caligula, passe de l'amertume aux plaisirs ; de sorte que le peuple vit sans crainte, & Caligula sans inquiétude ; que le peuple s'amuse, & que Caligula regne. Lorsque le Prince met le peuple en société de ses plaisirs, les plaisirs font oublier l'amertume de l'esclavage. C'est un dédommagement foible, à la vérité, mais consolant, de la liberté qui est de droit naturel. Sous un

ſi ſage Gouvernement , les gou-
vernés lêchent leurs chaînes au
lieu de les briſer.

Cœſonia femme de Caligu- *H*
la , craignant le ſort des Im-
pératrices qui l'ont précédée ,
(c'eſt la répudiation) donne à
ſon époux un filtre amoureux qui
lui ôte le ſommeil. Cette inſom-
nie altére la ſanté & le cerveau
du Prince. Il tombe dangereu-
ſement malade. D'abord on dé-
ſeſpére. Rome entiere eſt dans
l'inquitude : les Citoyens paſſent
les nuits à la porte du Palais ,
pour pouvoir apprendre des nouvelles de la ſanté du Prince , &
les rendre à ceux qui ne peuvent
fendre la foule. Portius voue ſa

vie en échange de celle du Prince. Atanius Chevalier Romain,
s'engage par un vœu solemnel à
combattre comme gladiateur, si
les Dieux rendent Caligula au
peuple Romain. Les vœux de
Rome font exaucés. Les efpé-
rances renaiffent, elles augmentent de jour en jour, Caligula
fe rétablit.

M Les allarmes & les gémiffemens du peuple, lorfque le
Prince eft en danger, font l'a-
pothéofe la plus flateufe, parce
qu'elle eft la plus vraie. Tibere
tombe dangereufement malade,
tout le monde fe tait; mais ce
filence n'eft qu'une joie contenue
par la crainte. La nouvelle arri-

ve que l'Empereur se trouve mieux ; même silence de la part des Romains, parce qu'on s'af-flige & que la crainte arrête les soupirs & les larmes. Dès qu'on apprend au contraire que Cali-gula est hors de danger, l'amour des Romains se montre par des transports de joye. La puissance de Tibere n'a d'autre appui que la crainte des Romains. L'auto-rité de Caligula, porte sur leur amour. Lequel des deux est le plus solidement puissant ?

Mais si nous voyons Caligula rendu aux vœux des Romains, & recouvrer un extérieur de san-té, le changement qui arrive dans sa tête & dans son cœur,

le fera détester du même Citoyen qui vient de le demander
aux Dieux avec une ferveur si
touchante. Déja le filtre de Cœsonia opere. Portius & Atanius
sont les premiers qui en ressentent les cruels effets. Leur zéle
est mal récompensé. Caligula
veut qu'ils acquittent leur vœu.
Portius est précipité. Atanius
combat. Heureusement il triomphe de son adversaire, & l'Empereur ne le releve de son vœu
qu'après des longues & humi-
liantes prieres. Caligula devient
fou, & fou furieux. Tout ce qu'il
dit ou ce qu'il fait, n'est qu'ex-
travagance ou cruauté. Chéreas
Tribun des Gardes Prétoriennes,
se

se met à la tête d'un grand nombre de conjurés ; il le tue avec Cœsonia & sa Fille, à la quatriéme année de son regne, & la vingt-neuviéme de son âge.

Le Peuple n'est affecté que du présent, le passé ne lui laisse aucune impression, il est trop borné pour s'occuper de l'avenir. Les extravagances de Caligula effacent le souvenir du commencement de son regne. La tête du Prince est sa principale garde, nous l'avons vû dans Tibere. Si le Prince perd la tête, il est aussi exposé, gardé par ses soldats, qu'environné d'un bataillon d'ennemis. Le Prince n'est obéi qu'autant qu'il sçait commander. Dépourvû de cette science, il ne regne plus, & sa vie courre les mêmes risques que son autorité.

H   Quelque tems avant sa mort, Caligula, dont le cerveau se dérange de plus en plus, veut faire recevoir son cheval Consul de Rome. Entiérement préoccupé d'être Dieu, & voulant se donner une statue digne de sa divinité, il ordonne de transporter à Rome celle de Jupiter Olympien, dont il projette d'ôter la tête, pour mettre la sienne en la place; mais les Prêtres l'éludent, & se comportent si adroitement, que la catastrophe de Caligula le surprend avant que la statue soit déplacée.

Si Caligula n'avoit point por- M
té ses extravagances jusqu'aux
choses sacrées , peut-être auroit-
on respecté la démence du Prince dans la Majesté Impériale.
Mais frapper l'encensoir avec le
le Sceptre , c'est porter sa faulx
dans la moisson du Sacerdoce,&
irriter la superstition du Peuple.
La statue de Jupiter est la mere-
nourrice de ses Prêtres , qui sça-
vent faire parler les Dieux suivant leurs intérêts ; & le Peuple
admirateur de tout ce qu'il ne
comprend pas , se rend fanati-
que défenseur des Dieux qu'il ne
voit point , contre son Maître
qu'il voit , & dont il méprise les
ordres. Défendre les Dieux est

d'un Prince sage, les attaquer est d'un Prince imprudent. Caligula veut couper la tête à la statue de Jupiter, Chéréas en veut à la tête de Caligula. La statue de Jupiter reste entiere, Caligula est poignardé.

Fin de la premiere Partie.

TABLE

DES CHAPITRES

De la premiere Partie.

Fautes à corriger.

Page 9, *mettez à la marge* M *au lieu d'*H.

Page 40 *ligne* 19, *mettez* H.

Page 43 *ligne* 15, n'est pas, *lisez* n'est-ce pas.

Page 47 *ligne* 4, Césa, *lisez* César.

Page 81 *ligne* 7, on, *lisez* son.

Page 125, *ligne* 7, ne pourroit point, *lisez* ne pourroit-on point.

Page 131 *ligne* 12 qui choisi, *lisez* qui a choisi.

Pag. 142 *lig.* 15 ne court pas, *lis.* ne courre pas.

www.ingramcontent.com/pod-product-compliance
Ingram Content Group UK Ltd.
Pitfield, Milton Keynes, MK11 3LW, UK
UKHW022016170726
13837UKWH00001B/222